Harald Wiesendanger

Geistiges Heilen für eine neue Zeit

Lourdes 73
Lungenemphysem 79
Lungenkrebs 73 → Krebs, Tumor
Lymphogranulomatose 70

Magenentzündung, chronische 290
Magenkrebs 133 → Krebs, Tumor
Magnetismus, animalischer 44 → Heilmagnetismus
Magnetfeld 53
Malaria 105ff.
Mammakarzinom → Brustkrebs, Krebs, Tumor
Mana 39
MariEl-Methode 218
Materialisation 54
Materialismus 31
Medialität 360
Meditation 33, 41, 66, 68, 72, 89, 132, 142, 218
Medium 51
Medizin
– chinesische 38ff., 150, 171
– esoterische 405
– holistische 414ff.
Medizinmann 108
Meridian 40ff., 53
Metastasen 133, 193, 291 → Krebs
Migräne 201, 258
Motilität 99
Moxibustion 40, 58
Multiple Sklerose 80, 184
Myokarditis 197 → Herzkrankheit
Myom 152

Nadis 41
Naturwissenschaft 128
Nahrungsmittelallergie 81 → Allergie
»Neues Zeitalter« (New Age) 358, 364
Neuraltherapie 139, 193
Neurodermitis 80f., 150
Nervenzellen 98
NFSH (National Federation of Spiritual Healing) 154
Nierenleiden 195
Nierentumor 193 → Krebs, Tumor

»objektiv« 109
Ödem, pulmonares 114
Od 44f.
Offenes Bein 77
Ohrgeräusche → Tinnitus
Okkultismus 404, 407

Organismen, niedere 94ff.
Orgasmus 45
Orgon 45ff.
Orgonakkumulator 46f., 58
Orgonstrahler 363

paranormal 90, 97, 203
Parapsychologie 38, 92, 196
Parkinson-Krankheit 150f., 184, 255
Patient 15, 122
Patientenzeugnisse (für Geistheiler) 369f.
Persönlichkeit, Recht auf freie Entfaltung der 319ff.
Persönlichkeitsprüfung (für Geistheiler) 371
Pfingstgemeinden 288
Pflanzen, Heilwirkungen auf 100ff.
Pharmazeutische Revolution 140
Phobie 259 → Angst
Physik 31, 38, 87, 128ff.
Physikalismus 158
Physis 43
Pilze, Heilwirkungen auf 94ff., 121, 144
Placebo 10, 70, 96, 99, 115, 121, 145, 203ff., 260, 282, 290
Placebo-Argument 160, 203ff., 365
Placebo-Effekt 11, 70, 87, 89, 143, 145, 171, 203ff.
Placebo-Reaktion 89, 216, 291
Placebo-Therapie 115, 205
Plasmozytom 72 → Knochenkrebs, Krebs
Plattenepithelkarzinom 69 → Krebs, Tumor
Polyarthritis → Arthritis
Pneuma 43
Prana 39, 41ff., 154
Pranayama 41
Prana-Heilen 37, 155
Prostatakrebs 70, 153 → Krebs, Tumor
Psi 38, 90ff., 406
Psi-Diagnose → Diagnose
Psi-Feld 237
Psoriasis 166
Psyche 15
Psychiatrie 243ff.
Psychoanalyse 45
Psychokinese (PK) 54, 91, 107, 111, 125
Psychologie
– humanistische 45
– intuitive 363
Psychoneuroimmunologie 181, 220
Psychose 292
Psychotherapie 11, 66, 215ff.

447

– spirituelle 15, 216ff. → Spiritualität
Psychotiker 95

Quäker 288
Qi 39, 43, 53, 88
Qi Gong 37, 52, 201
Qi-Gong-Meister 53, 71, 150

Radiästhesie 51, 415
Radionik 37
Reflux, gastroösophagealer 191
Reiki 37, 150f., 155, 186ff., 200ff., 218, 390, 405
Reinkarnation(serfahrung) 131, 133
Religion 129
Religionsfreiheit 317ff., 373
Religiosität 294f.
Reproduzierbarkeit 254
Resonanz 11
Rückenleiden 195
Rückenschmerzen 166, 201 → Schmerzen

Schamane 108
Scharlatan(erie) 76, 143, 156, 172, 216, 282, 375, 377ff.
Schizophrenie 259
Schlafstörungen 65, 254
Schlaganfall 183
Schmerzen 34, 68, 74, 77, 81, 90, 119, 132, 150, 153, 170, 200, 202, 220
Schulmedizin 136ff., 176, 203, 358ff., 409ff., 419ff.
Schuppenflechte → Psoriasis
Schwarzer-Daumen-Effekt 99
Schwingung 37
»Seelenverlust« 253
Selbstheilungskräfte 83, 298, 363, 415
Sensitivität 243ff., 360
Sensitiver 49, 51, 112
Sexualstörung 256
Shaktipat 43
Sheep-Goat-Effekt 106, 125
Shiatsu 38
Signifikanz, statistische 93ff.
Skeptiker 87f., 203
Somnambulismus 262, 246
Spiritualismus 52
Spiritualität 128, 133, 249ff., 261, 393, 426
Spontanremission 73, 87, 110, 216
Sterbebegleitung 74
Stimmenhören 246
Stresssyndrom 166
Suggestion 87, 99, 102f., 145, 205ff., 260, 282

Symptom 35f., 65, 90, 166
Symptomfreiheit 34, 140
Symptomlinderung 121
Szientismus 139

T'ai Chi 40
Taubheit 80, 290
Telepathie 91
Theosophie 42f.
Therapeutic Touch 37, 112ff., 118f., 218, 220, 250f.
therapieresistent → behandlungsresistent
Tiere, Heilwirkungen auf 102ff.
Tinnitus 80
Touch for Health 37
Trance-Chirurgie 32ff., 54, 112ff., 118f., 191
Transpersonal 225, 228
Transzendenz 132
Trauma 256
Trigeminusneuralgie 155
Tumor 62ff., 110, 132, 149f. → Krebs
Tumorzellen 53, 71

Ulcus cruris → offenes Bein
Unbewußtes, kollektives 237
unheilbar 35f.
»Unser Aufbruch« 416f.

Vaginalkarzinom 72 → Krebs, Tumor
Verantwortung 26
Verbrennung 47
Verzögerungseffekt (linger effect) 104f.
Visualisierung 41, 72, 142
Vitalogie 281
Volksgesundheit 312, 326, 330, 379
Voodoo 108, 206

Wachstumsstörung 62, 81, 152
Wachtrance 82
Wahrnehmung, außersinnliche 91, 108
Warze 159
Waterhouse-Friderichsen-Syndrom 289
Wunde 102, 113
Wunder 199, 202
Wundrose 144

Yin/Yang 39ff., 88
Yoga 43, 68

Zellen, Heilwirkungen auf 94ff., 97ff.
Zuckerkrankheit → Diabetes

Das Buch
Freiheit und Demokratie – hier in Deutschland eine Selbstverständlichkeit. Doch in seiner Heimat Syrien hat Firas Alshater vergeblich dafür gekämpft. Umso mehr genießt er es nun, unbehelligt durch seine neue Wahlheimat Berlin zu radeln und als Student und YouTuber seiner Kreativität freien Lauf zu lassen.
Doch auch Deutschland ist nicht frei von Widersprüchen und kleinen Ungerechtigkeiten im Alltag. Freiheit bedeutet auch, dass Firas Alshater einen gewohnt augenzwinkernden, aber auch immer mal wieder ernsten Blick auf all das wirft, was ihm in Deutschland fremd vorkommt. Er berichtet von den vielen positiven, aber manchmal auch seltsamen Erfahrungen, die er auf seinen unzähligen Lesereisen durch ganz Deutschland gesammelt hat. Und ist nach wie vor fest davon überzeugt, dass ein Zusammenwachsen und Zusammenleben möglich ist.

Der Autor
Firas Alshater, geboren 1991 in Damaskus, studierte Schauspiel. In der Revolution gegen Baschar al-Assad begann er als Journalist und Kameramann für ausländische Nachrichtenagenturen zu arbeiten. Er wurde mehrfach verhaftet und brutal gefoltert. Seit 2013 lebt er in Berlin. Gemeinsam mit Jan Heilig drehte er den Dokumentarfilm *Syria Inside* sowie diverse YouTube-Videos für die Webserie *Zukar*. Firas Alshater studiert derzeit an der Filmhochschule in Babelsberg.

Von Firas Alshater ist in unserem Hause außerdem erschienen:
Ich komm auf Deutschland zu

Firas Alshater
mit Jan Heilig

Versteh einer die Deutschen!

Firas erkundet ein merkwürdiges Land

Ullstein

Besuchen Sie uns im Internet:
www.ullstein-buchverlage.de

Originalausgabe im Ullstein Taschenbuch
1. Auflage Oktober 2018
© Ullstein Buchverlage GmbH, Berlin 2018
Umschlaggestaltung: zero-media.net, München
nach einer Vorlage von Lutz Jäkel
Titelabbildung: © Lutz Jäkel
Gesetzt aus der Quadraat Pro powered by pepyrus.com
Druck und Bindearbeiten: CPI books GmbH, Leck
ISBN 978-3-548-37792-6

Inhalt

Vorwort	7
Am Checkpoint	9
1. Reise durch das Land: Schaut über den Tellerrand	19
2. Wie findest du Deutschland?	65
3. Syrisches Frühstück und vegetarisches Steak	102
4. Kultur & Liebe	123
5. Kultur & Hass	153
6. Sei ein Kartoffelheld	205
Danksagung	231

Vorwort

Bist du Deutscher? Kauf dieses Buch – ist doch immer spannend, was andere von einem halten.

Bist du nicht Deutscher? Kauf dieses Buch – hier bekommst Du Erfahrungen aus erster Hand.

Und falls Du Hunde magst ...Kauf dieses Buch. Denn dann sind wir schon zwei.

Sogar Drei, wenn man Zucchini mitzählt, meine Chihuahua-Prinzessin.

Ich bin jetzt eine ganze Weile in Deutschland und weiß natürlich, wie hoch die Wogen gehen, sobald man hier das Wort Flüchtling / Migrant / Asyl oder veganer Milchkaffee sagt. Man darf das nicht unterschätzen.

Aber meine Erfahrung ist: Alle Menschen lachen in derselben Sprache – und fast alle stehen auf süße Hunde. Das ist doch schon was, das wir gemeinsam haben. Ich nehme dich mit auf eine Reise durch ein Land so wie ich es kennengelernt habe. Mit vielen witzigen Momenten, manchmal auch einfach nur absurden Augenblicken – und hoffe, dass wir uns dabei besser kennenlernen werden. Man kann nur mögen, was man kennt.

Außer, wenn man Zucchini ist – dann mag man alles.

Am Checkpoint

Ich gehe am Flughafen Stuttgart durch den Check-out. Ein Routineflug zu einer Buchlesung irgendwo in Deutschland, für mich inzwischen Alltag. Es ist jetzt fünf Jahre her, seit ich zum ersten Mal einen deutschen Flughafen betreten habe. Damals, im Mai 2013, kam ich aus der Türkei hierher, hatte Folter und Verfolgung in Syrien hinter mir und war durch einen unglaublichen Zufall für ein Filmprojekt von einem Deutschen engagiert worden, der mir mit viel Mühe ein Visum besorgt hatte. Das war Jan, der mittlerweile ein guter Freund ist. Damals hatte mich die Polizei am Berliner Flughafen auf Herz und Nieren kontrolliert, die Beamten hatten meine Parfümflaschen auf Sprengstoff untersucht. Ein Syrer mit Bart – höchst verdächtig! Am liebsten hätten sie mich wohl gar nicht durchgelassen, aber es war eben doch nur Parfüm und ich kein Terrorist. Heute ist das anders. Also nicht dass ich mittlerweile Terrorist wäre, sondern heute kann ich mich frei bewegen, bin sogar vielerorts bekannt und werde von Wildfremden um Autogramme oder ein gemeinsames Selfie gebeten. Der Riesenerfolg mit meiner

Comedy-YouTube-Serie *Zukar*, meine Auftritte im Fernsehen und auch mein erstes Buch *Ich komme auf Deutschland zu* – all das hat mein Leben verändert und die Wahrnehmung vieler Menschen gleich mit. Die Erkenntnis, dass ein Geflüchteter auch lustig sein kann, war offenbar so überwältigend, dass sie weltweit für Schlagzeilen gesorgt hat, nicht nur in Deutschland. Ab und zu sehe ich mir den Beitrag im chinesischen Staatsfernsehen von 2016 noch einmal an – ein Land wohlgemerkt, in dem Youtube gesperrt ist. Dennoch berichteten sie über diesen Youtuber »Fira-hashen Alchaten-her« (so ungefähr klingt mein Name mit chinesischem Akzent). Ich muss mich dann immer wieder zwicken, um mir klarzumachen: Das ist die Realität und nicht nur ein hübscher Wunschtraum. Heute reise ich landauf, landab und werbe für Verständigung, halte Buchlesungen ab und mache meine Witze, denn mein Motto hat sich seit damals nicht geändert: »Alle Menschen lachen in derselben Sprache.« Und das versuche ich, der Syrer im Exil, den Einheimischen hier in Deutschland nahezubringen. Mit Humor erreicht man Stellen, die politisch unerreichbar sind. Es ist keine leichte Aufgabe, denn noch immer herrschen in der Gesellschaft große Ängste, nicht zuletzt der Aufstieg der AfD und ihr Einzug in den Bundestag mit über 12 Prozent bringen das deutlich zum Ausdruck. Doch mein Bauchgefühl sagt mir, dass wir das schon hinbekommen werden – und nicht nur in dieser Hinsicht hat mein Bauch Gewicht. Immerhin werde ich am Flughafen nicht mehr aussortiert und verhört, nur weil ich Syrer bin.

»Sind Sie Herr Alshater?« Überrascht drehe ich mich um. Ein Polizeibeamter steht vor mir, groß, mit Schussweste und schweren Stiefeln. Mit einem Schlag sind alle Erinnerungen wieder da. Woher kennt der meinen Namen? Werde ich etwa gesucht? Gab es irgendwo einen Anschlag? Und alle Araber stehen wieder unter Generalverdacht? Aber das hätte ich doch mitbekommen. Was ist bloß los? Bin ich verdächtig? Er verzieht keine Miene, und ich antworte unsicher:

»Ähm, ja, der bin ich.«

»Kommen Sie bitte mit.« Er führt mich durch die Sicherheitskontrolle und ein paar Gänge entlang. Wie damals bei meiner Einreise geht es auch jetzt in die hinteren Dienstzimmer, er winkt mich in einen kleinen Raum ohne Fenster und verschließt sorgfältig die Tür. Ich kann die Schweißtropfen auf meinem Rücken spüren. Dann greift er in die Tasche und holt ein Smartphone heraus.

»Bitte entschuldigen Sie, Herr Alshater, aber es war mir vor meinen Kollegen einfach zu peinlich. Dürfte ich ein Selfie mit Ihnen machen? Ich bin ein Riesenfan!«

Am Abend habe ich eine Buchlesung. Zweihundert Menschen sind gekommen. Menschen, die mich empfangen wie einen guten Freund, das überwältigt mich immer wieder. Es gibt an solchen Abenden viel zu lachen, viel zu erzählen und vor allem viele Fragen. Viele Menschen begegnen zum ersten Mal bewusst einem Geflüchteten. Und wir alle wissen ja, dass der erste Eindruck zählt – also bemühe ich mich, dass ich einen guten mache.

Das ist seit zwei Jahren mehr oder weniger mein Beruf, und glücklicherweise kann ich mittlerweile sogar davon leben. Dabei fühle ich mich inzwischen eigentlich immer weniger als Geflüchteter –, und wenn ich darüber nachdenke, sogar nicht mehr 100 Prozent als Syrer. Denn dieses Land, mein Heimatland, hat mich nicht gewollt. Zwar besteht ein Land natürlich immer aus mehr als nur seinem politischen System, aber in diesem Fall handelt es sich um eine Diktatur – wer dort von Freiheit träumt, der ist in der eigenen Heimat ein Fremder und in Gefahr. Wäre ich dort geblieben, wäre ich irgendwann im Gefängnis zu Tode gefoltert worden. Bevor das geschehen konnte, bin ich geflohen. Eine andere Wahl hatte ich nicht.

Aber diese Flucht macht natürlich nur einen kleinen Teil meiner Identität aus, und ganz sicher nicht den wichtigsten. Albert Einstein zum Beispiel ist auch vor einer Diktatur geflohen, aber wir betrachten ihn nicht in erster Linie als Flüchtling, obwohl seine deutsche Heimat ihn nicht wollte und er in die USA gehen musste. Zuvor war er fünf Jahre lang auf eigenen Wunsch staatenlos, dann Schweizer, dann Österreicher, dann wieder Deutscher und ab 1940 US-Amerikaner. Ob er sich vielleicht auch mal irgendwann gefragt hat, was er denn nun eigentlich sei? Hat er sich beim Kaffeetrinken wehmütig an seine Heimat erinnert? Wer von euch zum ersten Mal amerikanischen Kaffee trinkt, wird genau verstehen, was ich meine (seid froh, wenn ihr überhaupt etwas schmeckt, so schwach wie der ist!). So geht es mir immer, wenn ich deutschen Kaffee trinke – dann merke ich, dass ich etwas verloren habe, denn dann denke ich sehnsüchtig an diesen leckeren Sud von damals, aus dickem Kaffeesatz, Kardamom und Gewürzen, Zucker und am besten noch ein bisschen mehr Zucker. Vielleicht ist das, was am längsten in Erinnerung bleibt, unsere Ess- und Trinkkultur? Denn überlegt mal: wenn Deutsche ins Ausland fahren, dann vermissen sie immer ihr geliebtes deutsches Brot. Die Franzosen vermissen ihre Croissants, und so sind wir alle kleine kulinarische Nationalisten. Darum gibt es in diesem Buch auch ein längeres Kapitel über Essen und Trinken – ich habe festgestellt, dass man sehr viel über andere Menschen lernt, wenn man einmal mit ihnen gemeinsam zu Tisch war. Nicht nur Liebe geht durch den Magen, auch Integration und Völkerverständigung.

Ich bin nach fünf Jahren hier im Land also nicht mehr so ganz ein Geflüchteter und auch nicht mehr so ganz nur ein Syrer – denn immerhin bleibe ich bei roten Fußgängerampeln inzwischen stehen, unabhängig von der aktuellen Verkehrslage. Aber ein Deutscher bin ich ja auch nicht. Oder vielleicht doch ein bisschen? Wer bin ich eigentlich, hier in diesem neuen Leben, in diesem neuen Land, das mir immer vertrauter wird? Ich habe in Deutschland nicht nur die deutsche Sprache gelernt, sondern auch eine Menge über Aberglauben, Alkohol, Bürokratie, ein wenig über Christentum, Elektro, Hunde, Islamisten, Katzen, Laktoseintoleranz, Mietspiegel, Patchworkfamilien, Veganer und ZDF (in alphabetischer Reihenfolge) und mir natürlich so meine Gedanken gemacht über Alltag und Kultur hier in Deutschland – auch darum wird es in diesem Buch gehen. Wobei es ein paar Dinge gibt, an die ich mich wohl nie gewöhnen werde. Zum Beispiel erinnere ich mich noch gut an meinen ersten Eindruck damals, als ich aus dem Flughafen in Berlin trat und endlich an einem Ort angelangt war, an dem die Sonne der Freiheit herrschte. Nur dass sie nicht schien, die Sonne. Auch die nächsten Wochen nicht. Mein Eindruck lässt sich in einem Wort zusammenfassen: A****kalt! Inzwischen habe ich natürlich gelernt, dass es in Berlin nicht IMMER regnet. Sondern eigentlich nur dann, wenn ich gerade mit dem Fahrrad unterwegs bin. Aber die Frage an sich beschäftigt mich doch immer mehr:

»Jan, bin ich deutsch, wenn ich dauernd über das Wetter schimpfe?«

»Nein, dann bist du Berliner.«

»Aber die Berliner schimpfen über alles.«

»Das ist der Trick: Damit kommen sie einfach allen anderen zuvor.«

»Sympathisch!«

Witzigerweise kann man tatsächlich leichter Berliner werden als Deutscher. Es gibt Orte, da zählt etwas anderes als deine Nationalität. Andere Dinge als das, was in deinem Pass steht oder wo du geboren wurdest und von wem. Berlin gehört mit Sicherheit zu diesen Orten. Doch ich habe inzwischen sehr viel mehr gesehen als nur die deutsche Hauptstadt: Ich habe knapp 100 Lesereisen hinter mir, weit über zehntausend Menschen bin ich dabei begegnet, habe jedes Bundesland besucht – vielleicht habe ich mehr von Deutschland gesehen als mancher Deutsche in seinem ganzen Leben. Von diesen Reisen möchte ich erzählen, denn es ist wirklich eine bunte Republik, die mehr als nur eine Facette hat, und das macht sie mir so sympathisch. Denn genau so bin ich auch: einer dieser bunten Menschen, die man schwer in eine Schublade stecken kann, auch wenn das in Deutschland manchmal ein beliebtes Spiel ist. Aber es macht einfach mehr Spaß, wenn man sich wirklich kennenlernt, statt sich gegenseitig wie Socken in einem Kleiderschrank abzulegen. Und vielleicht sind diese Label »Deutscher« oder »Syrer«, »Geflüchteter« oder »Einheimischer« viel weniger wichtig als zum Beispiel »Witzbold«, »Drama-Queen« oder »YouTuber«. Wenn mich jemand fragt, wer oder was ich denn nun eigentlich bin, antworte ich meistens einfach: Ich bin Firas!

Dummerweise gibt es natürlich auch Leute, die gar nicht fragen, sondern einem ihre Meinung über alles und jeden und über einen selber ganz ungefragt hinwerfen, geschmacklos wie ein alter Kaugummi, schon hundertmal durchgekaut, und jetzt eigentlich nur noch für eines gut: für die Tonne. Und damit meine ich nicht nur die klassischen Gegner der deutschen Flüchtlingspolitik – um es neutral auszudrücken –, sondern auch die andere Seite, die Gutmeinenden, die Engagierten und all diejenigen, die denken, sie wüssten Bescheid. Mir sind oft Leute mit großem Mitgefühl begegnet, die mir ihr letztes Hemd gegeben hätten, um dem armen Flüchtling in seinem Elend zu helfen. Dabei verdiene ich inzwischen wirklich ganz gut, vielleicht mehr als diese Leute selber, und fühle mich bei solchen Beileidsbekundungen fast genauso unangenehm berührt wie bei den weniger netten Kommentaren. Nur dass ich mich noch hilfloser fühle, denn dummen Hass kann man ja ignorieren, aber was macht man bei dieser etwas aufdringlichen Hilfsbereitschaft? Die ja gut gemeint ist. Aber wisst ihr: Niemand ist gerne Bettler, egal ob er Almosen tatsächlich nötig hat oder nicht. Ja, es gab Zeiten, in denen ich obdachlos war und tatsächlich hilfsbedürftig. Doch es nimmt einem beides die Würde, das sage ich also auch aus eigener Erfahrung. Mein Rat: Am besten einfach erst mal fragen, ob der andere Hilfe benötigt. Das lässt deinem Gegenüber nämlich die Wahl. Und wenn es ein Araber ist, besser dreimal fragen, denn aus Höflichkeit wird er zunächst IMMER ablehnen. Aber auch das ist vielleicht ein Vorurteil, denn wer bin ich, dass ich für alle Araber sprechen könnte? Probiert es einfach aus.

Unter den »Gut meinenden« gibt es eine weitere, wirklich sehr unangenehme Gruppe: die Verteidiger der heiligen Wahrheit. Die frommen Muslime, für die ein Araber mit einem Piercing ein Gräuel und eine Schande ist. Dazu gehören auch die Syrer, für die der Diktator Assad der Messias ist und die mich einen Landesverräter schimpfen – da können sie übrigens den Nazis unter meinen Hasskommentatoren die Hände schütteln, die mir nämlich genau dasselbe vorwerfen.

Ich bin weder praktizierender Moslem noch Politikwissenschaftler, und ich will auch ganz sicher nicht eine Diskussion mit den geistig Festgefahrenen eröffnen, egal aus welchem Lager sie mir ihren Kaugummi hinspucken – Gehirn haben und Gehirn nutzen sind ja zwei Paar Schuhe. Aber ich möchte euch gerne einen Einblick in die Kultur meiner Heimat geben, auch zum Thema Frömmigkeit. Darum erzähle ich in diesem Buch auch davon, wie Islam in meiner syrischen Heimat praktiziert wurde, von den Jungfrauen im Paradies und was eine fromme Muslima dort eigentlich zu erwarten hat.

Bei Fanatikern aller Couleur habe ich häufig erstaunliche Parallelen gefunden, auch zu den sehr national gesinnten Menschen in Deutschland. Die Deutschen sind im Ausland bekannt für etwas, das man kaum übersetzen kann: die »German Angst«. Okay, ein Völkchen, das sogar seine Brillen versichert, mag für den Außenstehenden durchaus etwas überängstlich erscheinen, und leider kann man mit Angst Menschen wunderbar manipulieren – oder in den Bundestag einziehen. Auch dazu soll es in diesem Buch ein paar Gedanken geben – ich meine jetzt weniger die Gefahr, sich auf seine Brille zu setzen, sondern eher diese Scheuklappenängste, die einen Blick aufs Wesentliche versperren, denn eigentlich wünsche ich uns allen – den Neuen und denen, die hier geboren wurden – ein Land, in dem niemandem mehr der Zutritt zu einem Club verwehrt wird, nur weil er einen Bart trägt und dunklere Haut hat. Und der beste Weg, um das zu erreichen, wäre es, Ängste abzubauen. Auch »German Ängste«.

Doch wenn ich ganz ehrlich bin, fange ich langsam

selbst an, die ein oder andere Phobie zu entwickeln, die mir früher völlig unbekannt war. In Syrien dachte ich nicht über das Morgen nach, denn ich war mit dem Heute schon genug beschäftigt. Inzwischen kenne ich Sorgen um die Zukunft, obwohl es mir besser geht als je zuvor. Färbt Deutschland langsam auf mich ab? Und wie könnte eine gelungene gemeinsame Zukunft für uns alle aussehen? Aber das erst im letzten Kapitel. Jetzt geht's erst mal los mit unserer Reise durch Deutschland.

1. Reise durch das Land: Schaut über den Tellerrand

»Sie sind doch dieser Flüchtling, oder?« Ich sehe mich verwundert um. Eine Frau mittleren Alters sieht mich über ihre regenbeschlagene pinkfarbene Brille neugierig an, und ihre Freundin neben ihr korrigiert sie sofort:

»Das heißt ›Geflüchteter‹!« Die beiden, die zu meiner Buchlesung ein bisschen zu früh erschienen sind, könnten kaum deutscher sein. Nur hier im Land der Dichter, Denker und Deutschlehrer hat man so viel Lust an politisch korrekter Ausdrucksweise und daran, andere zu korrigieren. Die pinke Brille sieht mich betroffen an und entschuldigt sich sofort für dieses offenbar unangebrachte Wort. Stimmt schon, hier in Deutschland ist man nicht »Flüchtling«, sondern »Geflüchteter«, besser nicht »Migrant«, sondern »Zugewanderter«, und auf gar keinen Fall nennt man jemanden »Neger«, no – never – nie! »Farbiger« geht gerade noch, man will ja niemandem auf den Schlips treten. Auch nicht den Hartz-IV-lern, die sich nicht mal einen Schlips leisten können. Das sind dann »Unterstützungsleistungsempfänger«. Vermutlich von der Donaudampfschifffahrtsgesellschaft? Hach! Mit dem richtigen Wort auf dem Etikett, am besten in Beamtendeutsch, ist alles besser, oder? Mein Problem dabei bleibt diese Schublade, in der ich so fest stecke wie eine vergessene Wintersocke im Hochsommer. »Flüchtling« an sich ist keine Beleidigung für mich, aber dass ich für viele eben NUR Flüchtling zu sein scheine, das macht mich traurig. Ich bin noch viel mehr: Youtuber, Buchautor, Berliner, Komiker, Schauspieler, Koch, Moderator, Filmstudent, Syrer, Vegetarier (seit Kurzem), DJ (ab und zu), Aktivist, Hipster, Chaot, Anime-Fan, Selfie-Verrückter, Technik-Freak, Theaterliebhaber, Hundepapa und diese Liste geht noch lange weiter. Ja, in meiner Vergangenheit musste ich tatsächlich flüchten – vor Folter und Tod. Das war wie eine Art Unfall für mich, aber es sagt nichts darüber aus, wer ich bin. Ich war dazu aber nicht vorherbestimmt, und gewollt hab ich das ganz sicher ebenso wenig. Ich bin einfach ein Opfer der Umstände gewesen, als Journalist und Filmemacher drohte mir Gefahr, so wie vielen anderen auch. Stellt euch doch mal vor, ihr wärt im Skiurlaub in eine Lawine geraten. Drei Tage verschüttet und dann ausgegraben worden, mit hundert anderen. Und seitdem würden alle nur noch sagen:

»He, sind Sie nicht dieses Lawinenopfer?« Und dann schüttelt ein besonders Korrekter den Kopf und hebt mahnend den Finger: »Das heißt ›Winterkatastrophen-Befreiter‹!« Na, das ist ja so viel besser ... Ich kann inzwischen das Problem von Menschen mit Behinderungen gut nachvollziehen: Sie sind doch auch so viel mehr als nur eine Querschnittslähmung oder eine Trisomie 21. Man kann natürlich darüber streiten, welcher Ausdruck so jemanden am freundlichsten stigmatisiert. Doch ich glaube, der Unterschied ist verschwindend gering, ob ich nun zu jemandem »Behinderter« oder »Mensch mit Behinderung« sage, zu einem Menschen mit dunkler Haut nun »Schwarzer« oder »Farbiger« oder was auch sonst. Ich denke, er oder sie freut sich viel mehr, wenn ich nach dem Namen frage, mich erinnere, dass er Eisenbahnliebhaber, Final-Fantasy-Crack, Hamburger, Musiker, Jurist oder einfach nur mein Nachbar ist. Die krampfhafte Suche nach der richtigen Bezeichnung ist unnötig.

Ich hatte jetzt fünf Jahre Zeit, die Menschen hier in Deutschland besser kennenzulernen. Auch die Hamburger, die Juristen, und die Damen mit pinkfarbener Brille. Ich habe gelernt, manche ihrer Eigenheiten gernzuhaben, bei anderen denke ich mir: Muss ich mich wohl noch dran gewöhnen, das braucht einfach ein bisschen Zeit – und Begegnung. Genau deshalb mache ich meine Reisen und nutze die Gelegenheit: Ich lächle die Frau mit der pinkfarbenen Brille fröhlich an und antworte:

»Ich bin Firas.« Und dann gehe ich auf die Bühne.

Bunte Republik

Inzwischen habe ich mit meinem ersten Buch im Gepäck über hundert Lesungen in ganz Deutschland gehalten und bin dabei weit über zehntausend Menschen begegnet. Es ist ein bisschen so wie mit dem ersten Youtube-Video »Wer sind diese Deutschen?«, das schlagartig bekannt wurde. Einfach, weil es offenbar so selten vorkommt, dass ein »Geflüchteter« mal Humor einsetzt und unterhaltsam ist. Auf einmal wurde ich für nationale Videopreise nominiert, Kamerateams internationaler Medien gaben sich die Klinke in die Hand, und es wurde richtig eng bei uns im winzigen Filmstudio am Berliner Ostkreuz. Buchverlage und Veranstalter meldeten sich, der Trubel war unbeschreiblich. Noch jetzt, zwei Jahre danach, kommen fast täglich aus allen Teilen der Republik Anfragen. Dabei bin ich nicht mal der einzige YouTuber mit einer Flucht-Biografie. Aber noch immer bin ich für viele Menschen der erste Geflüchtete, dem sie bewusst begegnen, obwohl es in ihrer Stadt natürlich auch welche gibt. Denen sieht man das aber oft nicht an. Es gibt keinerlei Kennzeichnungspflicht mit irgendwelchen Stoffetiketten, auf denen »Geflüchteter« steht. Zum Glück ist so etwas Geschichte. Aber es fühlt sich bei vielen dieser Auftritte trotz dem ganzen Spaß und den wunderbaren Begegnungen dann doch manchmal so an, als wäre ich ein exotisches Insekt in einer Wanderausstellung. Die Frau mit der pinkfarbenen Brille wirkte sogar ganz kurz ein wenig enttäuscht, weil ich eigentlich nicht absonderlicher aussehe als das junge Berliner eben so tun – Bart, Piercing, moderne Turnschuhe, Hoodie-Jacke, Armbänder und immer ein Grinsen im Gesicht. Vielleicht sollte ich mir bei den zukünftigen Auftritten ein drittes Auge auf die Stirn kleben oder so?

Wie dem auch sei – es ist eines meiner Ziele, dass wir diese Schubladen in unseren Köpfen vielleicht nicht mehr ganz so schnell aufmachen – und so erzähle ich eben von Augsburg bis Kiel, von Aachen bis Dresden meine Geschichte, zeige Videos, mache Witze und beantworte Fragen. Dabei lernen nicht nur die Deutschen etwas über den Syrer – also mich –, sondern der Syrer auch eine Menge über die Deutschen: Was für ein bunter Haufen und was für ein buntes Land! Wie eine Tüte Smarties. Wusstet ihr, dass man in Baden-Württemberg nach 22 Uhr an der Tankstelle keinen Alkohol mehr kaufen kann? Jedenfalls, wenn man zu Fuß dort ankommt. Wenn man aber mit dem Auto vorbeifährt, kann man welchen kaufen. An der Tankstelle! Auch wenn man der Fahrer ist. Muss man nicht verstehen. Und wusstet ihr, dass man in Augsburg für 88 Cent(!) Kaltmiete im Jahr in der ältesten Sozialbausiedlung der Welt wohnen darf? Im Zentrum, das ist wirklich eine der besten Wohnlagen der Stadt – aber es gibt Bedingungen: Das geht nur, wenn man bedürftig ist, Katholik und dreimal am Tag für das Seelenheil der Stifterfamilie betet. Das Stadtviertel heißt »Fuggerei«, benannt nach dieser stinkreichen Familie der Fugger aus dem Mittelalter. Ich glaube, die waren es auch, die in Europa den Kapitalismus erfunden haben, von daher ist es vielleicht verständlich, wenn sie am Ende um ihr Seelenheil gefürchtet haben. Ach, und wusstet ihr übrigens, dass ein »Berliner« in vielen Teilen Deutschlands vor allem ein ziemlich süßes Gebäck ist, ein Hefekrapfen mit Marmelade drin, und nicht etwa so ein süßer Typ wie ich?

Das sind so kleine verrückte Entdeckungen, die man macht, wenn man mal rausfährt aus seinem Berliner Kiez. Ich könnte stundenlang so weitermachen.

Noch lustiger ist es, wie gern die Menschen hier im Land ihre unterschiedlichen Eigenheiten kultivieren: Die Norddeutschen halten sich für eher kühle Zeitgenossen und die Bayern für besonders feierfreudig, Kölner für unkompliziert und Schwaben sind offenbar die deutschen Arbeitsbienen. Ich habe für dieses Phänomen sogar eines dieser urdeutschen komischen Wörter gelernt: »Lokalkolorit«. Und die, die ihn pflegen, nennen sich Lokalpatrioten. Das ist tatsächlich überall vorzufinden, außer vielleicht in Brandenburg (aber gut, da wohnen ja auch nicht so viele Leute). Ehrlich gesagt, ich hab von diesen angeblichen Unterschieden selten etwas gemerkt, auch wenn ich natürlich noch nicht alle Schwaben persönlich kennengelernt habe. Doch vielleicht ein paar mehr als so mancher Deutsche.

Natürlich sieht München ein bisschen anders aus als Berlin – es ist dort eindeutig sauberer. Außerdem ist es der einzige Ort, an dem ich bisher Pegida-Demos gesehen habe. Wirklich, ich sehe sie bei jedem Besuch dort. In Hamburg dagegen regnet es immer. Inzwischen war ich achtmal in Hamburg, das ist der Spitzenplatz bei meiner Tour, aber ich würde mir immer noch nicht zutrauen, die Eigenheiten des Menschenschlages dort zu beurteilen. Auch vermag ich nicht zu sagen, ob sie sich tatsächlich so stark von den Münchnern unterscheiden – auch wenn ich von *den* Münchnern oft eine sehr bestimmte Vorstellung von *den* Hamburgern höre, selbst wenn sie selber noch nie dort gewesen sind. Doch wahrscheinlich ist das einfach ein Spiel und gar nicht so ernst gemeint. Wir hatten in Syrien auch solche Vorstellungen von anderen – bei uns waren zum Beispiel die Homsis, also die Menschen aus der Stadt Homs, in etwa das, was für die Deutschen die Ostfriesen sind – jedenfalls wenn man Witze erzählen möchte.

Wenn das doch für die Beurteilung der Menschen aus Syrien, Afghanistan, Irak usw. auch gelten würde, dass es nur ein Spiel wäre. Je weiter etwas von uns weg ist, desto stärker neigen wir zu Vereinfachungen. Was ich zum Beispiel früher in Syrien über Deutschland wusste, war praktisch nichts. Es gab nur ein paar wenige Schubladen-Schildchen, zum Beispiel »Deutsche sind immer super pünktlich«. Aber nach fünf Jahren Erfahrung mit der Deutschen Bahn kann ich befreit sagen: Leicht übertrieben! Umgekehrt ist es genauso – von wegen angeblicher Unpünktlichkeit der Araber. Wir sind gar nicht so unpünktlich, das sind wir nur in Deutschland. Warum nur in Deutschland? Na, wegen der Deutschen Bahn natürlich ...

Es gibt so Augenblicke, da wünschte ich mir sogar, dass manche Stereotypen doch wahr wären – etwa die deutsche Gründlichkeit. Wenn ich auf die Bühne gehe und mein Headset bekomme, zum Beispiel. Nach so einem Mikro frage ich immer vor Veranstaltungen, denn ich bewege mich gerne frei und rede mit beiden Händen – jaja, typisch Araber, nicht wahr? –, und da will ich kein Mikro halten müssen. Stolz hat die Bibliotheksleitung in einer kleinen Stadt in

Süddeutschland dann auch ein solches Funkmikro besorgt. Ich ziehe es auf und teste es. Tock-tock-tock. Kein Ton.

»Können Sie mal einschalten, bitte?«

»Einschalten?«, die Dame blickt mich verständnislos an.

»Ja, am Verstärker.«

»Ähm – wir haben nur das Mikro besorgt. Wie Sie es bestellt haben.«

»Sie ... haben nur ein Mikro besorgt? Ohne Anlage? Ohne Lautsprecher?« Sie nickt. Sie hat tatsächlich noch nie zuvor ein Headset eingesetzt und wusste deshalb nicht, dass ein Mikro allein nicht ausreicht, um etwas laut zu hören. Sie hat sich einfach wortwörtlich an meine Anforderungsliste gehalten. Deutsche Gründlichkeit! Ich atme kurz durch. Aber dann zeigt sich eine andere Eigenschaft der Menschen hier, die ich sehr zu schätzen gelernt habe: Wenn es ein Problem gibt, wird das Problemlöser-Gen aktiviert. »Hands on«, wie es auf Neudeutsch heißt. Oder YALLAH, wie wir in Syrien sagen. Ich blicke in die Runde der Zuschauer und frage:

»Wohnt jemand nicht weit weg und hat daheim eine Verstärkeranlage?« Mehrere Hände gehen nach oben. Es dauert keine 30 Minuten, dann haben wir alle Technik beisammen, und es kann losgehen. Oder ... doch noch nicht ganz. Jetzt bin ich da, Mikro und Anlage sind da, Beamer ist da, alles da, außer einer Sache: einem HDMI-Kabel. Also geht noch mal jemand los und kauft im Elektroladen ein paar Straßen weiter das passende Kabel. Oder zieht es vom heimischen Fernseher ab.

Es wird uns Arabern ja immer nachgesagt, dass wir ungern Nein zu jemandem sagen. Aber auch darin stehen uns die Deutschen offenbar in nichts nach – immerhin wurde mir schon bei so vielen Veranstaltungen immer wieder versichert: Alles da. Aber selbst einfachste Vortragstechnik ist offenbar in Bildungseinrichtungen immer noch Neuland – warum denn nicht einfach wie beim Zahnarzt: Mut zur Lücke – und dann YALLAH – gemeinsam die Probleme angehen.

Verstehen Sie mich?

Es kann losgehen, endlich können mich alle hören. Aber können sie mich auch wirklich verstehen? Wenn ich den Menschen aus meinem Leben erzähle, von den schrecklichen Erfahrungen im syrischen Foltergefängnis, von den ermordeten Familien im Niemandsland zwischen den Fronten, den Scharfschützen überall, der Willkür des Geheimdienstes und der andauernden Lebensgefahr – dann ist es mucksmäuschenstill im Saal. Egal ob München oder Hamburg, was alle Menschen hier gemeinsam haben: Sie kennen so etwas nur aus dem Fernsehen oder aus dem Kino. Ihr Leben spielt sich im Frieden ab. Sie haben weder Krieg noch Rechtlosigkeit erlebt – und es ist ein Unterschied, wenn diese schrecklichen Dinge dann in Gestalt eines realen Menschen plötzlich so nahe kommen. Ein Mensch, der Narben außen und innen trägt. Aber dann erzähle ich auch davon, dass wir im Gefängnis Witze gemacht haben, weil Menschen das auch in einer solchen Situation brauchen; dass wir begeistert und lachend auf die Demos für Freiheit und Demokratie gegangen sind, obwohl wir wussten, dass wir jederzeit eine Kugel abbekommen konnten. Ich erzähle das, aber ich merke dabei, wie nur wenige diese Gefühle nachvollziehen können. Und das ist normal. Ich sehe ins Publikum und sehe lauter Menschen, die alle davon verschont geblieben sind – was für ein großes Glück. Ich erzähle es aber trotzdem immer wieder, denn es hilft, Dinge zu erklären –, und Geflüchtete sind ein Thema, über das viel zu viele reden, aber nur die wenigsten haben wirklich Ahnung – oft nur Ängste. Und denen kann ich dann sagen: Ängste hab ich auch.

Anders ist es, wenn ich von der permanenten Überwachung erzähle, die bei uns geherrscht hat. In Syrien hatten und haben die Wände Ohren. Besonders im Osten Deutschlands sehe ich dann einige von den Älteren verständnisvoll nicken. Ich fühle mich ihnen sehr verbunden. Denn sie haben nicht nur ähnliche Erfahrungen gemacht, sondern sie haben auch eine Ahnung davon, wie schwer man anderen vermitteln kann, wie es ist, ständig überwacht zu werden. Man hat es erlebt, oder eben nicht. Ich glaube dennoch, wir sollten unsere Erfahrungen teilen. Menschliche Begegnungen sind etwas anderes als Bücher. Man rückt zusammen, wenn man sich in die Augen sehen kann. Auch in Europa gibt es wieder verstärkt Tendenzen zu einem starken Staat: mehr Rechte für die Geheimdienste, mehr Überwachung, Maschinengewehre für die Polizei, und das bedeutet allgemein weniger Bürgerrechte. Diejenigen, die das sogar noch gut finden, auch hier in Deutschland, haben einfach keine Vorstellung, was es in Wahrheit bedeutet, wenn die Freiheit eingeschränkt wird. Genau darum bin ich unterwegs. Ich will den Leuten wenigstens ein bisschen nahebringen, wie es sich in so einem Staat wirklich lebt. Oft werde ich vorgestellt als Flüchtling, der für Verständnis wirbt – vor allem für die anderen Leidensgenossen. Das ist aber nur die halbe Wahrheit. Ich werbe vor allem für die Freiheit, die hier für manche Menschen viel zu selbstverständlich ist. Aber die Insel dieser Freiheit kann schnell sehr klein werden – man muss nur nach Polen oder in die Türkei blicken. Wie kann jemand so plemplem sein, diesen Schatz zu verspielen? Freiheit und Selbstbestimmung sollten viel höher geschätzt werden, jeden einzelnen Tag. Wer damit spielt, der spielt mit dem Feuer, aber nur, weil er sich noch nie die Finger verbrannt hat. Doch ich weiß leider, wie das ist, wenn man sich verbrennt – oder mit Zigaretten verbrannt wird. Ob es nun hilft oder nicht – ich kann nicht anders, als davon zu erzählen. Und ich bin nicht der Einzige. Bei einem Auftritt in Leverkusen erzählte ich von meiner entwürdigenden Zeit im deutschen Flüchtlingsheim 2013 und dem Gefühl der Taubheit, das sich dort nach einigen Wochen eingestellt hatte. Eine Depression, die mit der dort erzwungenen Abhängigkeit, Überwachung und Inhaltsleere zu tun hatte. Da stand ein alter Herr im Publikum auf, ein Deutscher, und begann von seiner Fluchterfahrung zu erzählen.

Er hatte den Krieg noch erlebt und musste danach fliehen, mit gerade mal 14 Jahren. Im deutschen Auffanglager war er dann mit Menschen aus Polen und anderen osteuropäischen Staaten zusammengepfercht, die aus dem verlorenen deutschen Territorium in das Nachkriegsdeutschland geströmt waren. Menschen, die meist nichts verbrochen, aber dennoch alles verloren hatten. Menschen, die dort als Deutsche galten, hier aber als Zigeuner. Und hier keineswegs willkommen waren, ganz im Gegenteil. »Lumpengesellen« wurden sie beschimpft, oder auch »Pack«, obwohl sie das natürlich nicht waren. Damals hat auch noch niemand von Integration gesprochen. Niemand hat verlangt, dass die Einheimischen auf die Neuen zugehen sollten. Er als Deutscher hatte erlebt, wie schwer das Los für die Vertriebenen damals war. Darum sagte er nun dem Publikum: »Leute, geht aufeinander zu.« Das war sehr berührend, dem Publikum verschlug es die Sprache.

Die Insel, auf der man »gut und gerne leben kann« – um mal die Kanzlerin zu zitieren –, hatte an diesem Abend eine ziemlich scharfe Uferlinie bekommen, die zeitlich gar nicht so weit weg war, wie es sich in sorglosen Tagen vielleicht anfühlen mochte: Es gibt auch noch Deutsche, die wissen, wie es ist, Wind und Wellen schutzlos ausgeliefert zu sein. Nicht nur Geflüchtete, die es über das Mittelmeer geschafft haben.

Es macht mich bei all diesen Auftritten besonders glücklich, dass es ein so unglaublich breites Publikum ist. Von 9 bis 90 Jahren ist alles dabei. Schüler, Studenten, Hausfrauen (und -männer), ganze Familien, kritische Leute und Wohlmeinende, Fachleute und solche, die von niemand anderem als von mir ein Buch über das Thema gelesen haben. Zur letzten Gruppe gehören interessanterweise auch sehr viele Geflüchtete, die keinen einzigen Buchautor aus Deutschland kennen – außer mich. Manche von ihnen werden auch von Mitarbeitern aus Aufnahmeeinrichtungen oder von Ehrenamtlichen mitgebracht. Auf diese Weise habe ich bei den Lesungen sogar schon einige Freunde aus meiner Schulzeit wiedergetroffen. Ich laufe dort mehr Bekannten über den Weg als früher in Syrien auf der Straße. Eines Tages kam einer auf mich zu und meinte ganz überwältigt:

»Habibi, ich dachte, du wärst tot.« Es stellte sich heraus: Das war einer aus meinen Kindertagen, der dachte, ich wäre damals als Jugendlicher an Leukämie gestorben. In Syrien hatte ich nach meiner Krankheit die Schule gewechselt, und wir beide hatten uns nicht mehr gesehen. Wir lachten viel und machten unsere Witze:

»Wie geht es dir denn hier in Deutschland?«, fragte ich ihn.

»Ach, ich finde Demokratie so anstrengend.« Die Leute im Saal horchten auf. War das hier etwa ein Integrationsverweigerer?

Aber er winkte ab: »Na ja, bei uns waren die Kreuze auf dem Wahlschein schon aufgedruckt – da war man so schnell fertig. Hier muss man alles selber machen und sich vorher auch noch ausführlich informieren.«

Die Deutschen brauchten noch ein paar Sekunden, bis sie sicher waren, dass man darüber lachen durfte.

Ach, es ist einfach schön, die Menschen hier im Land zum Lachen zu bringen, vor allem, wenn es mit uns Syrern gemeinsam geschieht. Auf die Weise wird man doch am ehesten miteinander warm. Nach unzähligen Begegnungen wage ich heute erneut zu behaupten, was ich schon in meinem allerersten Video angemerkt habe: Die Deutschen brauchen etwas länger, bis sie mit jemandem warm werden. Aber wenn sie mal etwas angefangen haben, dann hören sie nicht wieder damit auf. Beispiel: Auf meinen Veranstaltungen gibt es immer auch einen letzten Teil für Fragen aus dem Publikum. Aber fast niemand traut sich, die erste Frage zu stellen. Kein Problem, ich mache es jetzt immer so, ich sage dann:

»Okay, jetzt kommen die Fragen, und weil ich weiß, dass niemand gerne die erste Frage stellt, gebe ich sie euch einfach vor: Ihr habt gehört, dass es in Syrien keine Postlieferung bis zur Haustür gibt. Ihr dürft mir also als Erstes die Frage stellen, wie wir dann trotzdem Briefe und Pakete verschicken und empfangen können.« Und ob ihr es jetzt glaubt oder nicht: Noch NIE hat jemand eine andere Frage zum Einstieg gewählt, ich kann machen, was ich will. Kann natürlich auch sein, dass die Menschen hier ganz froh sind, wenn ihnen einer sagt, was sie tun sollen? Bääääh – das ist aber auch wieder nur ein Vorurteil. Aber jedenfalls ist dann das Eis gebrochen (toller Ausdruck) und sie kommen in Schwung, und fast immer reicht dann die Zeit nicht für all die Fragen. Denn eigentlich sind sie ja schon sehr neugierig auf alle Fremden, aber eben sehr schüchtern.

Ich erlebe wirklich so viel echtes Interesse, sehr viele Fragen zum Leben in Syrien, zu der Flucht, zu meinen Erfahrungen hier in Deutschland, was ich mag und was nicht, ob ich Angst vor der AfD habe und ob mein Piercing eigentlich echt ist. Ja, ist es, und das hat schon so manche Probleme verursacht, und zwar keine medizinischen, aber dazu erzähle ich später mehr. Es gibt aber auch ein paar eher uncoole Fragen, die wirklich nur Deutsche stellen können, hier ein paar der häufigsten:

»Ich habe einige Geflüchtete zu der Lesung hier eingeladen, aber die sind gar nicht gekommen, warum nehmen sie dieses nette Angebot denn nicht an?« Ich horche dann erst einmal nach, ob der- oder diejenige bei den Geflüchteten nachgehört hat, ob die denn überhaupt Lust dazu gehabt haben. Und ganz oft ist dem nicht so – man geht einfach davon aus, dass jeder Geflüchtete sich automatisch für alles interessiert, was mit Flucht zu tun hat. So wie eben das Lawinenopfer automatisch alles zum Thema Lawinen spannend finden wird, oder? Ich wäre mir da nicht so sicher. Noch so eine häufige Frage:

»Wieso lernen so viele Flüchtlinge nicht mal vernünftig Deutsch?« Da muss ich immer grinsen, denn die, die das fragen, haben meist nur drei, vier Geflüchtete getroffen, sonst wüssten sie es besser.

»Na sieh mal, du redest gerade mit einem Flüchtling auf Deutsch.«

»Ja, aber du bist ja auch eine Ausnahme.«

»Oder die drei, vier, die du bisher getroffen hast, sind eine.«

Witzigerweise geht diese Geschichte auch andersherum, immer wieder höre ich quer durch die Republik den Satz:

»Sie sprechen aber gut Deutsch.« Das bekam ich schon gesagt, als ich kaum Deutsch konnte. Ich antworte dann immer: »Danke, Sie aber auch.« Bei meinen Lesungen frage ich oft, wie viele aus meinem Publikum diesen Satz schon mal jemandem gesagt haben. Fast alle Hände gehen hoch. Ist ja nett gemeint, und wenn man auf die Lesung eines syrischen Autors mit Flüchtlingsgeschichte geht, dann ist ein solches Kompliment natürlich auch in Ordnung. Aber leider hören den Satz auch viele Deutsche mit dunkler Hautfarbe, oder solche, deren Großeltern aus der Türkei hier eingewandert sind. In den Köpfen vieler Menschen – auch denen ganz liberaler Zeitgenossen – ist Deutscher sein eben immer noch eine Sache des Aussehens. Und das ist weder schön noch wahr. Ich frage meinen Freund Jan:

»Bin ich deutsch, wenn ich hellhäutig bin und perfekt Deutsch sprechen kann?«

»Dann wären die Schwaben keine Deutschen.«

Tatsächlich war ich mal zu einem Auftritt in Verviers eingeladen, das liegt in Belgien – und zwar im deutschsprachigen Teil des Landes. Die meisten Deutschen und sogar viele Belgier, die ich getroffen habe, wussten von der Existenz dieses kleinen Landstriches gar nichts. So klein kann manchmal die Blase sein, in der man lebt. Das war ein extrem spannender Besuch, denn in der Schule dort hatten einige Klassen eine Sozialkundearbeit über mein erstes Buch geschrieben. Insgesamt 200 (!!!) Fragen, alle über den Inhalt jedes einzelnen Kapitels. Prüfungsfach »Firas«. Ich war überwältigt. Die kannten meine Geschichte in- und auswendig. Die Lehrerin berichtete mir stolz, dass einige der Teilnehmer sogar die volle Punktzahl erreicht hatten. Die Schüler dort hatten allerdings genau wie die meisten Jugendlichen einen ganz anderen Fokus bei ihren Fragen:

»Wie viele Follower hast du auf YouTube?«, »Mit welchem Programm schneidest du Videos?« – Das tat gut. Endlich mal ganz andere Fragen. Ich bin viel lieber YouTuber als Geflüchteter. Flucht ist für junge Menschen in Deutschland lange nicht so ein Thema wie für ihre Eltern. Mir fällt sowieso auf, dass die Berührungsängste mit dem Alter zusammenhängen: Je älter, umso zurückhaltender. Und dann gibt es da noch die Lehrer, die sich von mir häufig pädagogische oder politische Ratschläge erhoffen. Schwierig, diese Fragen, denn ganz ehrlich: Woher soll ich das denn wissen? Ich bin kein Pädagoge und habe auch in meiner Heimat nie Kinder unterrichtet. Einen Bachelor in Kulturvermittlung habe ich auch nicht. Eine Lehrerin fragte zum Beispiel: »Wie soll ich mit den syrischen Kindern in meiner Klasse umgehen?« Eigentlich müsste ich die Lehrerin fragen, denn sie ist die Fachfrau. Aber ich vermute mal, dass man syrische Kinder einfach genauso behandeln sollte wie alle anderen Kinder auch. Das ist nämlich auch MEIN sehnlichster Wunsch: einfach wie alle anderen behandelt werden.

Als ich 2017 auf dem *Youtube Creator for Change Summit* in London war, traf ich Malala Yousafzai aus Pakistan, die jüngste Friedensnobelpreisträgerin überhaupt. Sie ist das Mädchen, dem von den Taliban in den Kopf geschossen wurde, weil sie sich als 15-Jährige für das Recht von Mädchen auf Schule und Ausbildung in ihrem Land eingesetzt hatte. Und sie meinte zu mir:

»Ich bin jetzt gerade mal 19 Jahre alt. Aber plötzlich bin ich berühmt und alle Welt stellt mir Fragen, die ich nicht mal mit 90 beantworten könnte. Als wüsste ich jetzt alles über die Probleme, unter denen ich gelitten habe. Aber ich bekam mit 19 einen Nobelpreis – kein Diplom.«

Natürlich hat Malala versucht, sich ein möglichst gutes Bild zu machen, nachdem sie internationale Aufmerksamkeit erhalten hatte. Sie hat oft Flüchtlingsheime im Libanon und in Jordanien besucht. (Bevor das jeder Promi auch gemacht hat.) Dort hat sie wie jeder andere Besucher auch die Probleme gesehen, aber allein deswegen kennt man ja noch nicht die Lösungen. Letztendlich hat der Mordversuch durch die Taliban, das schreckliche Ereignis selbst, dazu geführt, dass zwei Millionen Pakistani die Petition für das Recht auf Schulbildung für Mädchen unterschrieben haben, das kurze Zeit später als Gesetz ratifiziert wurde. Ich habe mich bei ihr für ihren Einsatz bedankt. Aber ich wollte sie nicht fragen, wie man die Welt besser machen kann. Viele denken das von bekannten Leuten: Die Welt wird besser durch Malal. Oder Firas. Aber nein, wird sie nicht. Da müsst ihr euch schon selber was ausdenken.

Und dann wurde ich schließlich auch nach Dresden zu einer Lesung eingeladen. Ja genau, denselben Gedanken, den ihr jetzt beim Lesen habt, hatten viele meiner Freunde und Fans auf Facebook auch. Sie warnten mich eindringlich:
»Bist du verrückt, was willst du denn dort? Alles voller Nazis.« Oder sie schickten mir Medienberichte: »40.000 auf der Straße gegen Flüchtlinge«. Oder erzählten mir, dass dort mal Flüchtlinge mit Hunden gehetzt wurden. Ich wollte dennoch hin. Jahrelang musste ich immer wieder Gerüchte über mich selber aushalten, die in den Wirren der Revolution in Syrien verbreitet wurden. Ich wäre ein Spion des Regimes, ein Terrorist, ein Islamist und was weiß ich noch alles. Ich habe immer darauf beharrt, dass die Leute sich selber ein Bild machen sollen, bevor sie über andere urteilen. Und so halte ich es auch – ich wollte Dresden unbedingt eine Chance geben.

Als wolle jemand meinen Optimismus bestrafen, verlief der Start dieser Reise denkbar schlecht: Schon am Bahnhof in Berlin ging der Schlamassel los. Unwetter, alle Zügen fielen aus. Auf die Schnelle suchte ich mir eine Busverbindung. Die Fahrt dauerte natürlich viel länger als geplant, ich kam sehr knapp in Dresden an, und als ich ausstieg, herrschte dort die Sintflut. Es regnete wie aus Kübeln, donnerte und blitzte, als wollte mich die Stadt wirklich nicht haben. Ich ließ mich mit dem Taxi zum Veranstaltungsort bringen, die

Scheibenwischer kämpften vergeblich gegen die schweren Tropfen. Von Dresden selbst konnte ich nichts erkennen. Bei so einem Wetter konnte ich wohl froh sein, wenn sich auch nur zehn Leute zur Lesung einfanden ... Stattdessen waren alle 150 Plätze besetzt. Es herrschte eine tolle Atmosphäre und war eine der schönsten Veranstaltungen überhaupt. Ich lernte wunderbare Menschen kennen und war total geflasht.

Am nächsten Morgen wollten mir meine neuen Freunde die Altstadt zeigen. Die Sonne strahlte wieder, und ich verliebte mich sofort in die wunderschönen Gebäude, die schmucken Straßen, die Kirchen. Von Nazis keine Spur. Es ist eine Stadt, in die wirklich jeder Deutsche wenigstens einmal pilgern sollte, statt immer nur TV-Berichte zu gucken. Ich fahre immer hin, wenn ich mal entspannen oder einfach eine gute Zeit verbringen will. Bei gutem Wetter ist Dresden auch nur zwei Stunden von Berlin entfernt.

Mein Eindruck von der Stadt war genau das Gegenteil von dem, was mir prophezeit wurde. Natürlich ist auch das nur meine ganz persönliche Erfahrung – aber im Gegensatz zu vielen war ich mal persönlich dort. So ist das mit unseren Ängsten und mit der Blase, in der wir leben. Sie macht uns um schöne Erlebnisse ärmer.

Schüler fragen besser

Die Besuche in Schulen sind für mich immer die schönsten

Auftritte. Als ich einmal mehrere Schulen in Roth in der Nähe von Nürnberg besucht habe, war ich überwältigt von dem unglaublich großen Interesse der Schüler. In einer Realschule schenkten sie mir ein Lebkuchenherz mit der Aufschrift »Firas, du bist spitze!«. Das war das erste Lebkuchenherz meines Lebens. In einer anderen Schule war das Mikro kaputt, und so bat ich die über hundert Schüler darum, besonders leise zu sein, da ich noch mehrere Auftritte an dem Tag hatte und nicht schreien wollte. Außerdem könne jeder, der jetzt nicht so große Lust habe mir zuzuhören, auch gerne draußen etwas anderes machen. (Ich war ja selber mal Schüler und weiß doch, wie das ist bei solchen Pflichtveranstaltungen.) Aber niemand ging, und es blieb 90 Minuten lang mucksmäuschenstill – eine Lehrerin meinte, das hätte sie noch nie erlebt. Wie immer hat am Ende die Zeit nicht für alle Fragen gereicht. Ich bekam hinterher auf Instagram viele Nachrichten mit weiteren Fragen. Eine Antonia schrieb mir: »Ich fand das Video, das du uns heute als Erstes gezeigt hast, so rührend, dass ich weinen musste. Ich kann mir ein Leben in Syrien voller Angst und Kummer nicht vorstellen, da ich hier in Deutschland alles habe, was ich mir wünsche. Dein Lebensweg und der Wille, deine Ziele nicht aufzugeben, ist ein sehr großes Vorbild für mich.«

Bei einem anderen Auftritt wollte ein Schüler wissen, ob ich im ersten Buch mit den Grausamkeiten aus den syrischen Gefängnisaufenthalten nicht etwas übertrieben hätte. Er könne sich das einfach nicht vorstellen. Mir hat diese Direktheit gut gefallen. Ich habe geantwortet, dass ich noch nicht mal die allerschlimmsten Dinge erzählt habe. Aber er könne es googeln, die Bilder der Gräueltaten sind problemlos alle im Netz zu finden. Ich konnte ihn aber sehr gut verstehen, weil man sich das tatsächlich nicht vorstellen kann. Aber Jugendliche sind sich dessen wenigstens bewusst. Eine Lehrerin erzählte mir einmal, dass es sie beim Besuch im DDR-Gefängnis Hohenschönhausen gegruselt hätte und dass man die Schmerzen der früheren Insassen regelrecht spüren könnte, wenn man dort in den Zellen stehe. Aber da bin ich anderer Meinung: Man kann sich gruseln, ja, aber man kann diese Schmerzen nicht spüren. Man kann es nicht nachvollziehen, wenn man es nicht selber erlebt hat. Den Satz »Ja, das kann ich mir vorstellen«, den höre ich nur von Erwachsenen, und immer von solchen, die keinerlei vergleichbare Erfahrung gemacht haben. Junge Menschen sind da vorsichtiger.

Jugendliche sind viel unbefangener, neugieriger und haben noch diesen Entdeckerblick. Sie wissen, dass es noch viel zu lernen gibt. Manchmal denke ich, ihr Weltbild hat noch Luft, sie schauen auch mal durchs Fernrohr, probieren mal was Neues aus, während viele Ältere in einem Haus mit ziemlich hoher Gartenhecke sitzen, immer die gleiche Musik hören und denken, wenn sie Döner essen, wäre das multikulti, und wenn sie Bombenexplosionen in den Nachrichten gezeigt bekommen, wüssten sie über den Krieg Bescheid.

Ich kann nur immer wieder betonen – auch gegenüber den Politikern und all denen, die so leichtfertig über »Rückführung« debattieren: Krieg kann man sich nicht mal ansatzweise vorstellen, wenn man ihn nicht selbst erlebt hat. Eine besondere Erfahrung habe ich gemacht, als ich einmal in Berlin mit einem Fernsehteam für ein Interview bei einer sehr alten Frau mit Kriegserfahrung war. Sie war unglaublich lieb, ich habe mich gleich wohlgefühlt. Sie war über neunzig, gesund, konnte laufen, quatschen, las jeden Tag die Zeitung und war unglaublich gut informiert über Syrien und die politischen Hintergründe. Sie hat mir dann erzählt, wie sie den Krieg in Deutschland erlebt hat und dass sie selber ebenfalls eine Fluchtgeschichte hatte: Sie war damals mit ihrem Freund aus Berlin nach Süddeutschland geflohen, als es in der Hauptstadt zu gefährlich wurde. Die beiden blieben dann vier Jahre in der Fremde, und erst als es in ihrer Heimat wieder sicher war, gingen sie zurück. Und trotz der langen Zeit, immerhin über siebzig Jahre, hat sie immer noch das Geräusch der Bomben im Kopf – und versteht, dass die Menschen heute genau wie sie Angst vor dem Krieg in ihrer syrischen Heimat haben und fliehen. Wenn man täglich Explosionen hört, kann das kein Mensch aushalten, und diese alte Dame konnte das nachvollziehen. Ich hatte da zum ersten Mal eine Deutsche getroffen, die auch Krieg erlebt hat. Es war sehr emotional, denn genau wie ich und viele andere Geflüchtete hat auch sie durch den Krieg Verwandte und Freunde verloren. Diese alten Menschen mit eigenen Erfahrungen haben meines Erachtens die richtigen Lehren aus dem Grauen gezogen, und von ihnen hört man erstaunlicherweise keine menschenverachtenden Sprüche, wie ich sie immer auf Facebook finde. Es war etwas ganz Besonderes zwischen uns, in diesem Raum bei unserem Gespräch. Obwohl ein Kamerateam dabei war, waren wir eigentlich alleine. In einem Raum, den nur Menschen betreten können, die eine ähnliche Erfahrung gemacht haben. Für alle anderen sind Krieg und Folter nur Worte. Wie Film ohne Ton. Und eigentlich ist das ja auch besser so.

Die Blase

Irgendwann meinte Jan mal zu mir:

»Hasta la vista, Baby.«

Ich lächelte. »Das ist Spanisch, oder?«

Er sah mich groß an. »Das ist Schwarzenegger.«

»Ist das eine Sprache?«

Noch größere Augen. »Arnold Schwarzenegger. Kennst du Arni nicht?«

Ich schüttelte den Kopf.

»Der aus *Terminator*!«

»Nie gesehen.«

»Aber ... JEDER kennt doch Arnold Schwarzenegger.« Er konnte es nicht fassen.

»Jan, kennst du Feiruz?«

»Äh ... ist das so 'ne Art Döner?«

»Das ist die berühmteste arabische Sängerin überhaupt, aus dem Libanon. 400 Millionen Menschen kennen die. Auf Youtube haben die meisten Songs über zehn Millionen

Zuschauer. Kommt seit sechzig Jahren von morgens bis abends im Radio, jedenfalls in der arabischen Welt. Du hörst es immer, im Autoradio, im Minibus, auf der Arbeit, abends im Fernsehen, in der Shoppingmall, auf dem Markt, überall. Wunderschöne Frau und kann wunderschön singen.«

»Nie gehört.«

»Es gibt ein Sprichwort bei uns: ›Kein schöner Morgen ohne Feiruz!‹ JEDER kennt doch Feiruz!«

Wir haben uns dann ein bisschen Terminator und ein bisschen Feiruz angehört. Zur kulturellen Bildung. Ich finde, Feiruz kann viel besser singen als Schwarzenegger.

Okay, vielleicht ist das jetzt der ungebildete Syrer, denken sich manche – JEDER kennt Schwarzenegger, außer eben diese ignoranten Araber und ein paar Eingeborene im Amazonasgebiet. Das mit der Blase, in der wir leben, ist an sich ja eher menschlich, aber diese unbewusste Annahme, die eigene Blase sei die Welt, macht es noch mal besonders schwer.

Aber kurz zur Ehrenrettung, warum ich Schwarzenegger nicht kenne: Bei uns liefen Kinofilme, anders als in Deutschland, nur in Originalsprache mit Untertiteln, und das haben sich einfach nicht so viele Menschen angesehen. Vielleicht ein paar Betuchtere in Damaskus. Und im Fernsehen kam bis Ende der 90er eben nur das syrische Staatsfernsehen, und das ist ein Propagandasender. Satellitenfernsehen gab es dann zwar auch irgendwann, aber nicht viele Menschen bei uns verstehen Englisch. Ohne Synchro würden vermutlich auch viele Deutsche Schwarzenegger nicht so gut kennen. Schade, dass Feiruz nicht synchronisiert wurde, ich bin sicher, ihr würdet sie mögen. Inzwischen ist sie über achtzig – aber es würde sich lohnen.

»Aber Michael Jackson kennst du, oder?« Besorgter Blick von Jan.

»Wen?«

»FIRAS!«

»Okay, Witz – ja klar. JEDER kennt doch Michael Jackson ... oder?«

Ich denke, wir kommen am besten mit Fragen weiter, mit Neugier, man versteht dadurch einfach so viel mehr. Das Problem ist nicht, wenn man zu wenig weiß, das Problem ist, wenn man nicht mal weiß, DASS man zu wenig weiß. Und das ist tatsächlich eine Einstellung, die mir in Deutschland ziemlich oft begegnet ist. Besonders bei sogenannten Experten oder Politikern. Diejenigen mit der größten Neugier und einem gesunden Gespür dafür, dass sie die Welt noch nicht restlos verstanden haben, waren immer die Jugendlichen bei meinen Auftritten. Bei denen musste ich auch noch nie die erste Frage vorgeben. Darum bin ich am allerliebsten in Schulen oder Jugendeinrichtungen zu Gast – ich glaube tatsächlich, dass die jungen Menschen in Deutschland die Gesellschaft verändern können, denn sie haben so wenig Vorurteile wie sonst niemand hier im Land – mich selbst eingeschlossen. Einige ihrer Fragen haben mich ganz besonders berührt oder kamen so häufig, dass ich hier einmal eine kleine persönliche Bestenliste der Q&A's wiedergeben möchte.

Ein Junge in Roth hat mich gefragt, ob es Witze gibt, die in meiner Heimat tabu seien.

Natürlich gab es so etwas bei uns, nur dass man hier von etwas mehr als nur einem Tabu sprechen muss. Nämlich Witze über die Regierung. Wer die macht, kann durchaus sein Leben riskieren. Es gibt natürlich trotzdem welche, so wie es im Dritten Reich auch Witze über Hitler gegeben hat. Aber man versteht jetzt vielleicht, wie viel Mut die Menschen während der syrischen Revolution gebraucht haben, nur um ein paar satirische Witze über den Präsidenten Assad online zu stellen, und mit welcher Begeisterung sie sich dann in der kurzen Ära der Freiheit über den Mann mit dem Giraffenhals lustig gemacht haben. In Damaskus kann man dafür allerdings von der Straße direkt in eines der Foltergefängnisse des Muhabarat, des Geheimdienstes, wandern.

Jedenfalls gibt es bei uns in Syrien extrem viele Witze, wir Syrer sind in der arabischen Welt berühmt für unseren Humor. Und da gibt es eine ähnliche Abstufung wie hier: In Deutschland sind Judenwitze ein Tabu, Türkenwitze sind zumindest geschmacklos oder auch rassistisch, Blondinenwitze sexistisch und Ostfriesenwitze sind okay. Nun, bei uns ist das ähnlich, Politikwitze sind das No-Go und führen direkt ins Gefängnis, Witze über Religion sind geächtet, egal ob Islam oder Christentum, ein Pendant zu Blondinenwitzen gibt es nicht, weil wir blond nicht mit dumm gleichsetzen, sondern einfach mit hübsch, und es ist übrigens kein Tabu, Ü18-Witze zu machen. Aber unsere Ostfriesen sind die Leute aus Homs, die »Homsis«, davon gibt es Tausende. Wobei die allerhäufigsten Witze bei uns eigentlich die über Kiffer sind, soweit ich das überblicken kann. So wie in Deutschland vielleicht die Beamtenwitze, bei beiden geht ja alles immer sehr langsam.

Beispiel gefällig?

»Ein Homsi muss eine Hausarbeit über zehn Seiten schreiben. Das Thema kann er frei wählen. Auf der ersten Seite schreibt er: Ich steige auf das Pferd. Auf Seite zehn schreibt er: Ich steige vom Pferd ab. Die anderen neun Seiten schreibt er: Tarap tarap tarap tarap tarap tarap tarap.«

Oder noch einer, der ganz typisch ist:

»Ein Homsi stand jeden Morgen auf und war immer überrascht. Eines Morgens stand er auf und war nicht überrascht. Das hat ihn dann so überrascht, dass er doch wieder überrascht war.«

Warum die Homsis für uns so »besonders« sind? Es gibt eine Geschichte aus der Zeit der mongolischen Eroberung – ihr wisst schon, Dschingis Khan und so. Die Reiterhorden zogen von der heutigen Türkei her nach Süden, Richtung Ägypten, quer durch Syrien, und kamen dabei in die Gegend von Homs und Damaskus. Und machten alles nieder, was ihnen in die Quere kam. Ihr Ruf war fürchterlich, und wer konnte, der floh. Nicht so die Leute von Homs. Sie schnappten sich Blechnäpfe und setzten sie auf. Als die Eroberer sich näherten, begannen sie, wie irre herumzuhüpfen und sich selber mit Kochlöffeln auf die Topfhüte zu klopfen wie Affen. Und so liefen sie dann ganz unbefangen durch die Straßen und krakeelten herum. Die Mongolen hielten inne und rieben sich die Augen. Das musste eine Stadt voller Wahnsinniger sein. Vielleicht sogar ansteckend. Sie entschieden sich umzukehren. Homs blieb verschont – und weil das alles sich an einem Mittwoch zutrug, ist das heute noch der Tag der Homsis. Das sagt man dort wirklich: Heute ist verrückter Mittwoch, und dann lacht man und amüsiert sich. Und seitdem haben sie eben diesen besonderen Touch für uns Syrer. Homsis sind einfach ein bisschen verrückt, zumindest am Mittwoch.

Und aller guten Dinge sind drei – hier noch ein Kifferwitz aus Syrien:

»Ein Kiffer ist seit drei Monaten verheiratet und wird Vater. Er fragt seine Frau: ›Wie kann das sein?‹

Sie antwortet: ›Seit wann sind wir verheiratet?‹ – ›Drei Monate!‹

›Seit wann bist du verheiratet?‹ – ›Auch drei Monate!‹

›Seit wann bin ich verheiratet?‹ – ›Drei Monate!‹

›Na, siehst du: 3 + 3 + 3 = 9 Monate!‹«

Lachen ist ja etwas Wunderbares, es ist die Sprache, die jeder auf der ganzen Welt versteht. Ein kleines Baby kann nur auf zwei Arten mit dir sprechen: Entweder es weint oder es lacht. Das ist so einfach – und wir entspannen uns, wenn wir lachen. Aber mit Witzen und Humor ist das manchmal komplizierter. Zwar versteht jeder das Lachen, aber nicht jeder kann auch über dieselben Witze lachen. Denn mit

Satire und Humor werden ja auch Leute und Zustände kritisiert. Und die, die kritisiert werden, finden das manchmal nicht so toll. Und wenn gerade die zufällig an der Macht sind, lassen sie dich ihren Ärger ganz schnell spüren. Eine Regierung hat zu Recht Angst vor politischer Satire, weil darin eine große Macht liegt: Wenn der Witz nur gut genug ist, erreicht er sogar deine Feinde. Willst du Menschen zum Nachdenken bringen, dann musst du sie erst mal erreichen. Und das geht mit Humor am besten. Sogar Hitler soll sich *Der große Diktator* von Charlie Chaplin im Privatkino angesehen und sich angeblich köstlich amüsiert haben. Obwohl der Film die Nazis und ihn selber lächerlich macht. Aber auf so geniale Weise, dass er sogar ihn selber erreicht hat. Natürlich war der Film in Deutschland verboten. Genauso können sich Witze über Diktator Assad, über die Ungerechtigkeiten des Systems in Syrien, sehr wohl auch innerhalb der syrischen Regierung verbreiten. Vielleicht eher als alles andere. Das macht sie so brisant. Die deutsche Regierung muss so etwas nicht befürchten. Warum? Na ja, es gibt da so einen Witz: »Wie viele Deutsche braucht man, um eine Glühbirne einzuschrauben?« –»Einen. Sie sind effizient und haben keinen Humor.«

Eine weitere sehr häufige Frage ist: »Was ist für dich der Unterschied zwischen Syrien und Deutschland?«

Da fange ich mal bei der wichtigsten Sache an: der Freiheit. Ich habe in Deutschland zum ersten Mal Demokratie hautnah miterlebt. 2013, als ich herkam, war mir das noch nicht so klar. Ich war mit tausend Anträgen beschäftigt, mit Deutsch lernen und mit der Wohnungssuche. Aber 2017 bei der Bundestagswahl habe ich mit großen Augen den gesamten Wahlkampf mit dem ganzen Hin und Her miterlebt. Man muss sich klarmachen: Wenn du in Syrien aufwächst, dann bist du automatisch in einer Partei. Du kannst nicht zur Schule oder zur Uni gehen, wenn du nicht unterschreibst, dass du Mitglied in der Baath-Partei bist. Wenn wir über Wahlen in Syrien reden, dann will ich es mal so ausdrücken: Zwei Dinge im Leben kannst du dir nicht aussuchen – deine Eltern und den syrischen Präsidenten. Die Wahlen in Syrien waren ein Witz – man konnte 2014 sogar per WhatsApp seine Stimme abgeben, damit man nicht zur Urne gehen musste. Man brauchte dafür einfach nur den eigenen Ausweis zu scannen und dann dazuzuschreiben, für wen man stimmte, und schickte das dann an die Wahlkommission. Sehr anonym ... Und so ungefährlich in einem Land mit über zwanzig Geheimdiensten ... Früher gewann die Baath-Partei immer mit 99 Prozent. Bei der letzten Wahl 2014 waren es dann nur noch läppische 88,7 Prozent. Das war natürlich noch immer unglaubwürdig – denn wer waren dann die ganzen Leute bei den Demos gegen Assad gewesen? Aber jedenfalls war es bei dieser Wahl zum ersten Mal möglich, dass man unterschiedliche Personen zum Präsidenten wählen konnte. Es gab noch zwei andere Kandidaten, von denen man vorher noch nie etwas gehört hatte. Das war natürlich nur Theater, aber vorher gab es noch nicht mal das. Vorher konnte man nur abstimmen: Verlängerung der Präsidentschaft Assads um weitere sieben Jahre, Ja oder Nein? Das war eher wie ein Ankreuztest. Hier in Deutschland Politiker um Wählerstimmen kämpfen zu sehen, war für mich also völlig neu.

Ein Schlaumeier unter den Schülern fragte mich übrigens, warum mich das mit der Wahl in Deutschland überhaupt so interessieren würde, wenn ich ohne deutschen Pass ja sowieso nicht mitwählen dürfe. Ich musste lachen, denn daran, bei Politik nicht mitbestimmen zu können, war ich als Syrer ja schließlich schon gewohnt. Aber wenn man selber in einer Diktatur für Freiheit und Demokratie gekämpft hat, dann ist es unglaublich faszinierend, wenn man das real miterleben kann. Wenn auch nur als Zuschauer. Den Menschen hier mögen diese ewige Diskutiererei und die Wahlen zäh erscheinen, und viele Deutsche schimpfen gerne über ihre Politiker. Das finde ich ebenfalls großartig! Dass man sich das hier erlauben kann und für Kritik an den Machthabern nicht gleich eingesperrt wird. Ein Unterschied wie Tag und Nacht.

Außerdem kann ich auch ohne Wahlberechtigung durchaus Einfluss nehmen, genau wie jeder Mensch, der hier lebt. Allein dass ich auf einer Bühne stehen und zu Schülerinnen und Schülern sprechen kann, ist auch eine Form von Politik, denn jeder von denen wird später einmal wählen dürfen. Ganz zu schweigen von meinem Buch, das bisher von mehr als zehntausend Menschen gelesen wurde. Und nicht nur in Deutschland. Mein Buch reist weiter als ich. Eine junge Frau namens Jana schickte mir kürzlich ein

Foto von dem Buch aus einem Hostel in Australien, wo sie es zufällig im Regal stehen gesehen und daraufhin gelesen hatte. Das ist auf der anderen Seite der Erde! Auf die erste Seite im Buch war gekritzelt, wo es vorher schon überall gewesen war, in Neuseeland und in Bali, auch dort stand es schon in einem Hostel. Jana hat es dann nach Amsterdam mitgenommen – mal sehen, wohin es von dort aus weiterreist.

Genauso reisen eben auch Gedanken viel weiter und bewirken etwas, auch ohne Wahlzettel. Das gilt nicht nur für mich, das gilt auch für 16-jährige Schüler. Also lasst euch nicht entmutigen.

Heimweh

Noch eine sehr gute Frage bei einem Schulbesuch kam von einer jungen Schülerin: ob ich etwas Bestimmtes aus meiner Heimat hier in Deutschland besonders vermissen würde. Und da gibt es tatsächlich etwas: die Gastfreundschaft.

Natürlich sind auch Deutsche gastfreundlich, immerhin haben sie so viele meiner Landsleute aufgenommen, aber ich meine eigentlich die besondere Art, im Alltag mit Gästen umzugehen. Wenn wir in Syrien jemanden einladen, gilt der Satz »Mein Haus ist dein Haus« wirklich wortwörtlich. Ich mag es daher gar nicht, wenn Gäste mich bei mir zu Hause fragen: »Darf ich mal deine Toilette benutzen?«

Was soll ich da denn sagen? »Nein, geh auf die Straße

pinkeln«? Ich weiß inzwischen, dass eine solche Frage hier eben als höflich gilt, Respekt vor dem heiligen Zuhause zum Ausdruck bringt. Man ist hier in Deutschland viel mehr »unter sich«, wenn man daheim ist. Das verstehe ich, aber es kommt mir so steif vor. Als ich ein Kind war, stand unsere Wohnung immer allen Gästen offen. Von der Familie ganz zu schweigen. Es konnte vorkommen, dass meine Oma für einen kurzen Besuch vorbeikam, sie wohnte gerade mal dreißig Minuten entfernt, dann aber für zwei Monate bei uns blieb. Gäste bekommen auch immer etwas zu essen, auch das ist hier nicht unbedingt üblich. Für mich ist das selbstverständlich, auch wenn die Person, die ich zu Gast habe, zum allerersten Mal bei mir in meiner Berliner Wohnung ist. Ich habe aber gemerkt, dass die das oft komisch finden. Das ist offenbar manchen Leuten beim ersten Besuch zu intim, und sie fragen mich erstaunt und etwas misstrauisch: »Warum bist du so nett?« Das finde ich wiederum komisch. Denn wenn ich förmlich bleibe, dann fragt auch niemand: »Warum bist du so steif?« Das ist man in Deutschland nämlich so gewohnt. Hat vielleicht auch etwas damit zu tun, dass die Menschen hier allgemein länger brauchen, um sich zu öffnen oder vertraulich und freundschaftlich zu werden. Auch wenn ich Gästen anbiete, bei mir zu übernachten, wenn es spät geworden ist, erlebe ich ganz oft eine große Zurückhaltung. So etwas wird hier nur in ganz besonderen Fällen angeboten und ist ein sehr großer Vertrauensbeweis. Besonders weibliche Gäste sind dann sehr irritiert, denken sonst was und wandern lieber weit nach

Mitternacht durch einsame U-Bahn-Stationen, statt in einer sicheren Wohnung zu übernachten. Sie denken sofort, ich würde mir etwas erhoffen. Ich dachte erst, das läge vielleicht auch an den Medien und dem Bild der dauergeilen Sexbestie des Arabers, aber mein Freund Jan hat mir versichert, er habe das auch schon erlebt. Man muss bei einem Übernachtungsangebot – das wurde mir erklärt – zusätzlich signalisieren, dass es wirklich nur rein freundschaftlich gemeint ist.

Das ist einer der Gründe, warum ich mich in der Gesellschaft von Syrern wohlfühle. Man muss nicht so achtgeben. Sie praktizieren diese Art der Gastfreundschaft einfach weiter. Ein perfektes Beispiel ist das Bezahlen-Spiel. Wenn ich Jan zu einem Shawarma einlade, dann geht das so:

»Hey Jan, ich lad dich ein.«

»Okay, danke.«

Bei uns Syrern geht das so:

»Ich zahle.«

»Ach neiiin – ich zahle, und zwar alles.«

»Ganz sicher nicht, wirklich, ich bezahle, auch das Essen von deinen Freunden.«

»NEEEIN – ich bezahle, auch deine Miete, und du brauchst neue Schuhe.«

»Auf keinen Fall, ich ...«

(Handgemenge, irgendwann robbe ich Richtung Kasse davon und wedele ein Stück Papier in der Luft.)

»Ich habe die Rechnung, ICH HABE DIE RECHNUNG!«

(Syrischer Freund setzt zum Hechtsprung an ... usw.)

Ich denke, so langsam lerne ich aber, im Beisein von Deutschen ein bisschen Rücksicht zu nehmen, und fahre dann einen Kompromiss und frage, ob ich wenigstens die Getränke übernehmen darf. Das halten Deutsche einigermaßen aus.

Ein Mädchen fragte mich nach der Vorführung meines ersten Videos, in dem ich mit verbundenen Augen Leuten auf dem Alexanderplatz in Berlin eine Umarmung angeboten habe, ob ich jetzt immer noch wie damals in der Lage bin, den Menschen so zu vertrauen. Eine interessante Frage – denn sie ging offenbar davon aus, dass man sich mit Vertrauen zu anderen hier allgemein nicht so leicht tut. Sollte das wirklich so sein, wird Deutschland definitiv nicht auf mich abfärben. Das wäre ja furchtbar. Mag sein, dass man eigentlich erst ein Formular ausfüllen muss und eine Unbedenklichkeitsbescheinigung des Familienministeriums, bevor man jemand Fremden mal umarmen darf – aber ich glaube, das ist nichts für mich.

Nein, im Ernst: Natürlich bin ich auch schon von Menschen aus Deutschland enttäuscht worden. Aber ich übertrage diese schlechten Erfahrungen eben nicht auf ALLE, sondern halte mich an die guten – denn das sind viel mehr. An einem Tag triffst du zwanzig oder dreißig Menschen – wie viele von denen enttäuschen dich? Meistens kein einziger. Dennoch tragen viele Leute hier Befürchtungen mit sich herum. Man kann es sich auch selber schwer machen im Leben. Aber ... muss man nicht, oder?

Die Bombe im Bücherkoffer

Bei einem Workshop zu Diskriminierung, zu dem ich eingeladen worden war, wollten Schüler wissen, welche Erfahrungen ich schon mit Diskriminierung gemacht habe. Als Antwort erwarten die meisten natürlich irgendwelche rassistischen Übergriffe: Pöbeleien auf offener Straße, Handgreiflichkeiten von Typen mit Glatze und Springerstiefeln und was es da sonst noch für Dinge gibt, die durch die Medien geistern. Erstaunlicherweise erlebe ich aber so gut wie gar nichts dieser Art. Die eigentliche Diskriminierung findet eher auf Ämtern statt oder im Umgang mit Institutionen wie beispielsweise Banken. Wenn ich zum Beispiel um zwei Uhr nachts in einer Schlange auf einen Termin bei der Ausländerbehörde warten muss, einen Zettel ziehen muss für stundenlanges Warten, nur um dann doch wieder heimgeschickt zu werden. Wenn ich weiß, dass ich zwar ein Recht auf ein Bankkonto habe, aber dann doch ohne Begründung einfach abgelehnt werde.

Wenn mit allen so umgegangen würde, könnte ich einfach über das schlechte und unkoordinierte System schimpfen. Aber so ist es leider nicht. Es geht hauptsächlich mir als Syrer so, Menschen aus Afghanistan und teilweise auch aus dem Irak. Es gibt Diskriminierung im System. Immer wieder schütteln sogar Erwachsene den Kopf, wenn ich von einer solchen Begebenheit erzähle, sie können sich das gar nicht vorstellen. Auch schon als Reaktion habe ich gehört, dass wir Geflüchteten doch dankbar sein sollten, dass überhaupt

Geld für uns ausgegeben wird. Aber das kann nur jemand sagen, der wirklich nie erlebt hat, wie man sich als Mensch zweiter Klasse fühlt. Denn das bin ich. Und viele andere mit mir. Besonders, wenn man selber aus einer Kultur kommt, in der Gastfreundschaft den höchsten Stellenwert hat, erlebt man eine solche kalte, bürokratische Herabstufung durch die Institutionen und den Widerspruch zwischen Worten und Taten wie eine Wahrnehmungsstörung. Ja, man wurde als Asylbewerber anerkannt –, aber nein, man darf hier nicht mit gleicher Behandlung rechnen. Das ist, wie wenn man eine Blume angeboten bekommt, doch wenn man sie dann dankbar entgegennimmt, stellt sich heraus, dass es ein Kaktus ist.

»Jan, bist du jemals diskriminiert worden?«

»Nur einmal, von meinem Schwiegeropa, der war Franzose.«

»Ja und?«

»Er wollte nicht, dass seine Enkelin einen Deutschen heiratet. Wegen dem Krieg und so.«

»Was? Aber das ist doch schon drei Generationen her.«

»Nicht für ihn.«

Das kann ich sogar noch nachvollziehen. Diese persönliche Ablehnung aufgrund eigener schlechter Erfahrungen. Aber leider gilt das eben nicht nur für diese alten Kriegsveteranen, sondern diese Einstellungen und Vorurteile übertragen sich auch auf junge Menschen. Es gibt diesen sehr bekannten Youtube-Clip aus dem Jahr 2016, »The DNA Journey« von Momondo und Ancestry, über eine DNA-Untersuchung mit jungen Menschen, viele davon Patrioten ihrer Heimatländer. Ein junger Brite zum Beispiel ist stolz darauf, Engländer zu sein und mag die Deutschen nicht so sehr – wegen des Zweiten Weltkriegs. Seine Großeltern haben damals in der britischen Armee gedient und die Nation verteidigt. Für ihn ist das heute noch von Bedeutung. Dann zeigt aber die DNA-Untersuchung, dass er zu fünf Prozent Deutscher ist. So ergeht es so ziemlich jedem, der bei dem Experiment mitgemacht hat – alle sind mehr oder weniger Mischlinge aus sehr vielen Herkunftsregionen. Das ist dann in vielen Fällen sehr emotional, es fließen auch Tränen – und es ist natürlich eine Botschaft, die zu weniger Rassismus aufruft.

Aber es bleibt dennoch die erschreckende Erkenntnis, dass auch drei Generationen nach einem Krieg noch immer Ressentiments vorherrschen und übertragen worden sind auf junge Leute, die das als Teil ihrer eigenen Identität betrachten.

Im echten Leben und außerhalb der bürokratischen Ämter komme ich zum Glück nur ganz selten mit so etwas in Berührung, eigentlich habe ich es nur einmal erlebt, dass ich massiv diskriminiert wurde, und zwar gleich mehrfach in einer Stadt, und die lag nicht im Osten – oh nein, Freunde, sondern tief im Westen, in Düsseldorf, nach einer Lesung. Ich hatte mich mit ein paar syrischen Teilnehmern gut verstanden und schlug vor, noch in eine Bar oder einen Club zu gehen. Sie reagierten zu meinem Erstaunen nicht begeistert und meinten, das könnte schwierig werden. Aber ich kam ja aus Berlin und war dort in so ziemlich jedem Club unterwegs, ohne je irgendwelche Probleme zu haben. Ich konnte mir gar nicht vorstellen, dass es irgendwo anders sein könnte. Wir zogen also los in die Altstadt. Bei der ersten Bar hielt uns der Türsteher auf und wollte uns nicht reinlassen. Keine Begründung. In der zweiten Bar stand niemand am Eingang, wir suchten uns also einen Tisch, und ich stellte den Trolley mit meinen Büchern neben der Garderobe ab. Der Kellner kam zu uns, aber bevor ich etwas bestellen konnte, forderte er mich auf, meinen Trolley zu öffnen. Ich war sprachlos. Das war hier schließlich kein Flughafen und der Typ kein Polizist. Ich sah ihn an:

»Im Ernst jetzt?«

»Ja, was ist da drin?«

»Wieso fragst du, hast du Angst?«

»Das könnte eine Bombe sein.«

Ich hätte beinahe gelacht, wenn es nicht so unglaublich deprimierend gewesen wäre. Diese Ängste in der Bevölkerung, diese Berichte über Terroristen, natürlich habe ich die alle mitbekommen. Aber nur weil ich einen Bart trage und etwas dunklere Haut habe, soll ich jetzt einem Kellner mein Gepäck zeigen? Was hättet ihr gemacht? Ich jedenfalls habe mich geweigert, den Trolley zu öffnen. Niemand, der nicht zum Polizeicorps gehört, hat das Recht, so etwas zu verlangen. Es ist besser, damit gar nicht erst anzufangen und klein beizugeben. Was käme als Nächstes? Leibesvisitation? Ausziehen?

Also zogen wir weiter, in dieser Bar wollte ich dann sowieso nicht mehr bleiben. Niedergeschlagen war ich auch deshalb, weil sich keiner der anderen Gäste für uns eingesetzt hatte. Meine Freunde erklärten mir, dass sie das schon häufig so erlebt hätten, Flüchtlinge seien einfach nicht gern gesehen. Ich wollte aber noch nicht aufgeben. In der nächsten Bar sah es erst mal gut aus, es war zwar schon ziemlich voll, aber ein Tisch war noch nicht belegt, also setzten wir uns. Der Kellner kam und erklärte:

»Wir haben die Kasse schon zugemacht.« Es war weder Sperrstunde, noch sahen die anderen Gäste aus, als wäre gerade Aufbruchsstimmung.

»Aber wir wollen gerne etwas trinken.«

»Nein, ihr müsst gehen.«

»Nur einen Shot, dann gehen wir wieder.«

»Nein, ihr müsst jetzt gehen.«

Ich bin mir sicher, er hatte einfach seine Anweisungen. Ich weiß nicht, ob die Leute am Nachbartisch etwas mitbekommen haben, aber jedenfalls haben sie es sich nicht anmerken lassen.

Es ist das eine, wenn dir irgendein Idiot auf der Straße Schimpfworte hinterherruft, aber wenn man ganz bewusst von einem Teil des (Nacht-)Lebens ausgeschlossen wird, ist das wirklich deprimierend. Und noch schlimmer: wenn diese Ungerechtigkeit offenbar niemanden zu stören scheint. Eigentlich fehlte nur noch ein Schild in politisch korrektem Deutsch an der Tür: »Geflüchtete kommen hier nicht rein.«

Stellt euch einfach mal vor, ihr seid in Frankreich und werdet aus einer Bar wieder rausgeworfen, nur weil ihr Deutsche seid. Wegen des Kriegs und so. Oder ihr müsstet eure Taschen öffnen, nur so zur Sicherheit. Kann man sich schwer vorstellen? Probiert es einfach mal aus: Klebt euch einen Bart an, färbt die Haut ein bisschen dunkler und geht in eine Düsseldorfer Bar.

Wisst ihr, wie die Alternative ausgesehen hätte? Was wäre wohl passiert, wenn die Leute in der Bar aus Protest aufgestanden wären und mit uns nach draußen gegangen wären – und die Bar wäre plötzlich leer gewesen ... Klingt wie ein Märchen, oder? Aber solche Märchen, wenn Menschen zusammen aufstehen, gibt es immer wieder. Ich habe so was schon mal erlebt, in Syrien, als Tausende auf den Straßen standen und unter Lebensgefahr für ihre Freiheit marschiert sind. Dasselbe gab es auch hier in Deutschland: die Demonstrationen kurz vor dem Mauerfall. Auch da war die Gefahr groß. Die NVA-Soldaten und Polizisten damals trugen scharfe Waffen. Ein Kellner jedoch – der hat nur einen Flaschenöffner, ich denke, da kann man etwas riskieren, oder? Ihr könnt ja mal darüber nachdenken, wenn ihr so etwas am Nachbartisch erlebt. Gesellschaftsprobleme kann nur die Gesellschaft selber lösen, und dazu gehört jeder Einzelne.

Zum Glück war das bisher das einzige Mal, dass ich so etwas erlebt habe. Auch wenn mich das ziemlich erschüttert hat, bin ich nach wie vor voller Hoffnung. Es mag Inseln der Ausgrenzung geben, aber es gibt noch sehr viel mehr Orte, an denen Deutschland jetzt schon ein buntes Smartieland ist – sowohl in den Köpfen der Menschen als auch in den Clubs. Und dazu gehören ganz vorneweg Berlin – und Technofestivals. Das will ich kurz erklären ...

Elektrofestivals und Oktoberfest

»Wie klingt eigentlich deutsche Musik für dich als Araber?«, hat mich eine Frau bei einer der letzten Lesungen gefragt. Und da musste ich erst einmal lachen. Denn die meisten Leute hier hören ja gar keine deutsche Musik. Abgesehen von Schlagermusik ist fast alles hier von den großen Playern aus UK und USA bestimmt. Das war bei uns ja auch nicht anders – auf Hochzeiten liefen zwar auch mal arabische Schlager von Omar Souleyman oder traditionelle Musik, aber im Club wurde französischer Hip-Hop und Pop rauf und runter gespielt. Warum französisch? Nun, Syrien und der Libanon standen lange unter dem Protektorat und damit auch dem kulturellen Einfluss der Franzosen.

Aber was es bei uns überhaupt nicht gibt, sind diese riesigen Techno- und Elektrofestivals. 2016 war ich zum ersten Mal auf so einer Veranstaltung, dem Fusion Festival. Das war unbeschreiblich. Vier Tage lang lief dort ununterbrochen Elektro. In Syrien hätte ich das gar nicht als Musik erkannt. Das ist einfach nur Rhythmus, pochend und pulsierend wie das Blut in den Adern, und eigentlich ganz ohne Melodie. Das war so etwas wie mein ganz persönliches

Woodstock. Eine Offenbarung. Denn dort waren einfach nur die große Freiheit, Energie und Leichtigkeit zu spüren. Ich sah keine Security, da lief auch keine Polizei rum und trotzdem gab es überhaupt keinen Stress, jedenfalls habe ich nichts dergleichen erlebt oder gesehen. So viele Menschen tanzen, und zwar mehr, als man in ein Fußballstadion bekommt. Es ist gigantisch. Und es gibt einfach keine Unterschiede mehr. Woher ich komme? Egal! Welchen Pass ich in der Tasche habe? Egal! Ob ich Elektro mag oder nicht? Egal, tanz einfach, der Rest ergibt sich von selbst. Eigentlich ist es so ein bisschen wie Multikulti-Berlin, nur noch zehnmal stärker. Ich bin süchtig nach dieser Freiheit, schon immer gewesen – und auf diesen Festivals war es darum für mich wie im Himmel. Auch ohne 72 Jungfrauen.

Aber um die Frage nach der deutschen Musik doch noch zu beantworten: Ich war auch auf einem vergleichbar großen Event, bei dem es um deutsche Kultur und die passende Musik dazu ging: dem Oktoberfest in München. Das habe ich einmal in seiner ganzen Bierseligkeit miterlebt, obwohl ich dort eigentlich nur wegen einer Visums-Angelegenheit beim britischen Konsulat vorbeischauen wollte. Doch ich nutzte die Gelegenheit, um mir dieses Schauspiel auf der »Wiesn« einmal anzusehen. Unglaublich! Das Bier gab es dort ausschließlich in Ein-Liter-Gläsern. Es floss so viel Alkohol, wie ich es zuvor noch nie erlebt hatte. Und damit meine ich wirklich ein permanentes Geplätscher: saufen, singen, pinkeln. Dazu lief Schlagermusik, und inzwischen konnte ich ja gut genug Deutsch, um die Texte zu verstehen. Na, da hab ich dann auch verstanden, warum die alle so viel Alkohol brauchten.

Ich hab zwar auch ein Bier getrunken, aber eben nicht den Durchlauferhitzer gemacht, wie ganz viele dort. Was mich aber viel mehr geschockt hat als dieses unbändige Trinken, war die Art, wie die Leute ihre Betrunkenheit gefeiert und ganz ungeniert gezeigt haben. Immer wieder torkelten mir Leute entgegen, erkannten, dass ich so was wie ein Araber sein könnte, umarmten mich und lallten: »Isso schön, dassu da bis!« Dann wurde an den Tischen gegrölt und geschunkelt und irgendwie schienen alle das besonders zu genießen, wie sehr sie schon jenseits von Gut und Böse waren.

Es gibt in Syrien natürlich auch Betrunkene, aber die verbergen das möglichst auf dem Heimweg. Es gilt als äußerst unschicklich, wenn man die Kontrolle über sich verloren hat. Und so etwas wie Komasaufen gibt es dort auch nicht. In München dagegen zogen ganze Gruppen mit glasigem Blick und irrem Lächeln an mir vorbei und prosteten jedem um sie herum mit lautem Rülpsen zu. Und das setzte sich dann fort bis zum Hauptbahnhof. Mein Hotel war gerade um die Ecke, und in der Bahnhofshalle kurz vor Mitternacht war es dort so voll wie sonst zur Rushhour. Die Züge fuhren nicht, wie sie sollten, und ein Teil der Leute hatte auch einfach die Abfahrt komplett verpasst. Überall roch es nach Pisse, Leute lagen in ihrer eigenen Kotze. Es war so ekelig, wie ich selten etwas gesehen hatte. Jemand erklärte mir, dass das jedes Jahr so sei. Da kämen Leute aus ganz Deutschland und viele Touristen aus dem Ausland, um mal so richtig die Sau rauszulassen. Woran liegt das? Ich habe viel darüber nachgedacht. Vielleicht daran, dass der Rest des Lebens irgendwie mechanisch abläuft? Deutsche können das ja gut. Aufstehen, frühstücken, heimkommen, Hund Gassi führen, dann Fernsehen oder Computerspiel, dann schlafen. Und so weiter. Arbeiten und noch mal arbeiten. Und an einem Tag im Jahr flippen sie dann völlig aus. Okay, ich vereinfache hier, aber trotzdem: Vielleicht wäre es besser, wenn sie regelmäßig ein klein bisschen ausflippen und dabei einfach nur eine schöne Zeit haben. Darum: Kommt nach Berlin – da kann man jeden Tag seine Dosis abfeiern –, aber braucht keinen Totalausfall einmal im Jahr.

Heute muss ich deshalb jedes Mal, wenn irgendwo Helene Fischer gespielt wird, an dieses Münchner Oktoberfest denken – und so richtig warm werde ich darum wohl nie mit der deutschen Schlagermusik.

2. Wie findest du Deutschland?

Eine Frage wird mir immer wieder gestellt, und zwar so häufig, dass sie ein eigenes Kapitel bekommt:
»Wie findest du eigentlich Deutschland?«
»Na, mit Google Maps.« Okay, Spaß beiseite – diese Frage höre ich von Journalisten, Followern auf Facebook, Besuchern meiner Lesungen oder auch immer wieder von deutschen Bekannten und Unbekannten. Aber das ist nicht das Gleiche, wie wenn ich nach den Unterschieden zwischen deutscher und syrischer Kultur gefragt werde. So eine Frage bekommen ja eigentlich Touristen gestellt:
»Und, wie gefällt es Ihnen hier bei uns in A) Andalusien? B) Bali? C) Mallorca? D) Kleinmachnow?«
Das ist so ein bisschen, als hofften alle auf einen netten Eintrag ins Gästebuch im Sinne von »Hach, war ganz nett, die Gastgeber waren superfreundlich, das Essen sehr interessant, und obwohl wir mit dem Wetter Pech gehabt haben, hatten wir eine wundervolle Zeit.« Oder aber man spekuliert auf ein paar interessante Außenansichten, wie man sie dann zum Beispiel in Youtube-Videos von amerikanischen Aus-

landsstudenten wiederfindet: »5 Things Germans do different than Americans in dating« oder so. Aber wenn man in einem Land Schutz sucht, hier Asyl bekommt und irgendwo auf der Skala zwischen Bleibenmüssen und Bleibenwollen hin- und hergerissen ist, dann bekommt die Frage eine fast existenzielle Bedeutung. Und darum lautet die Frage auch ein ganz klein wenig anders, wenn ich sie mir selber stelle:

»Wie gefällt es mir, hier in Deutschland zu sein?«

Dabei habe ich nicht wirklich diesen Blick von außen, das alles geht viel tiefer, denn im Augenblick ist Deutschland meine Heimat, und ich bin ein Teil davon. Ich kann sehr viel besser beantworten, wie mir München gefällt – so als Berliner –, als wenn ich beantworten soll, wie mir Deutschland gefällt, so als geflüchteter Syrer. Denn München würde ich nur besuchen und dann wieder gehen, aber in Deutschland bin ich und bleibe ich.

Ein Beispiel: Die Deutschen lieben Papier – und ich muss sehen, wie ich damit klarkomme, wenn ich auf Toiletten bisher Wasser zum Reinigen gewohnt war. Das geht Touristen aus arabischen Ländern ganz ähnlich, wenn sie ins Hotel kommen und sich auf dem Örtchen dreimal umdrehen und die Wasserdusche suchen, weil sie ihren Touristenführer nicht genau genug gelesen haben. Bei dieser Sache und vielen anderen stellt sich mir nämlich die schwierige Frage: Übernehmen oder nicht? Baue ich mein Klo um und bleibe ich bei meinen Gewohnheiten? Aber wenn dann Deutsche zu Besuch kommen, die müssen ja auch mal. Was ist dann besser? Was muss ich ändern, um nicht anzuecken?

Was läuft dann für Musik bei einer Party? Helene Fischer oder Feiruz? (Okay, das ist schon einer der ganz harten Konflikte.)

Oder die Sprache: Wer hier einigermaßen zurechtkommen möchte, muss Deutsch lernen, ganz klar. Muss er? Streng genommen zwingt einen kein Gesetz dazu, aber es ist natürlich fast nicht möglich, ohne einigermaßen gute Deutschkenntnisse weiterzukommen.

Man muss so viele Dinge mit sich aushandeln, das will ich damit sagen. Kein Tourist und auch kein Einheimischer ist in diesem Zwiespalt. Man kann Berlin besichtigen, ohne ein Wort Deutsch zu verstehen, aber auch nur eine Meldebescheinigung vom Amt kriegt man so ganz sicher nicht organisiert. Oder seine Steuererklärung. Wobei man das auch nicht immer schafft, WENN man Deutsch kann.

Ich werde natürlich oft gefragt, wie wichtig ich Sprache lernen für die Integration halte. Um diese Frage zu beantworten, will ich von einer ganz besonderen Erfahrung mit tauben Menschen berichten. Ich war Ende Oktober 2017 in Kassel – dort gab es einen Tanzworkshop für Hörgeschädigte, und ich wollte ein Video über ihre Aktion machen. Die vier Tage dort waren sehr emotional. Man schätzt ja die Dinge erst, wenn man sie verloren hat – oder Menschen trifft, die sie verloren haben. Diese Menschen konnten die Musik nicht so gut hören – vielleicht nur den Bass spüren – und trotzdem konnten wir miteinander tanzen. Es klappte einfach. Ich habe gefilmt, was das Zeug hält. Am Abend haben wir dann immer noch zusammen gespielt. Wir machten Pantomime-Spiele, mit viel Improvisation, das war megawitzig und unglaublich kreativ. Ich beherrsche keine Taubstummensprache, aber wir hatten Gesten, Lächeln, Humor, Tanzen, Musik – das hat gereicht, um gut miteinander auszukommen und Spaß zu haben und um uns zu verstehen. Die Sprache war nicht so wichtig. Vertrauen zueinander hat uns in dieser Situation viel weiter gebracht als alle Worte. Und das ist meine Antwort darauf, wenn ich gefragt werde, wie wichtig Deutsch lernen für die Integration ist: Sprache hilft natürlich dabei, aber ich glaube, das alleine reicht kein bisschen. Wichtig ist vor allem auch Vertrauen und keine Angst zu haben.

Wie also begegnet mir meine neue Heimat? Nachdem ich ja nun schon über vier Jahre hier lebe? Und es tatsächlich geschafft habe, diese echt heftige Sprache zu lernen? Da gibt es so unglaublich viel zu erzählen, doch es gibt ein paar ganz typische Dinge, die für mich persönlich den Charakter des Lebens hier doch sehr deutlich von dem in Syrien unterscheiden. Also hier kommt meine Bestenliste der Charakter-Kärtchen für dieses spezielle Land ...

Fahrrad-Land

Die Deutschen sind eine Fahrradfahr-Nation. Fahrradfahren ist ein fester Bestandteil im deutschen Alltag, und ich habe es wirklich zu schätzen gelernt. Es haben keineswegs alle hier einen Mercedes, wie ich das vielleicht früher mal über Deutschland gehört habe. Hier fahren sogar Banker im Anzug mit dem Fahrrad zur Arbeit, und das machen die ja nicht, weil sie sich nichts anderes leisten könnten.

Bei uns in Syrien fahren nur die armen Leute Fahrrad und vielleicht vereinzelt ein paar Sportler, aber ansonsten gibt es in den Städten in Syrien das Minibus-System, alle paar Minuten kommt einer vorbei. Das kann man vom öffentlichen Nahverkehr selbst in Berlin nicht gerade behaupten, vielleicht ist Fahrradfahren auch deshalb so beliebt? Mein Rad hat eindeutig seltener einen Platten als die Berliner S-Bahnen eine Weichenstörung. In der Stadt komme ich meist schneller von hier nach dort, wenn ich das Rad nehme. Das Berliner Wetter lassen wir dabei mal unerwähnt. Man erledigt so viel mit dem Rad: zum Bäcker fahren, zum Gemüseladen, zum Jobcenter, Bahnhof, Uni, Freundin, Club und natürlich zum Fahrradladen – überall gibt es Radwege, das kannte ich früher überhaupt nicht. Und weil es so beliebt ist, bekommt man überall für extrem wenig Geld so einen Drahtesel zu kaufen. Beliebt sind Fahrräder allerdings auch bei anderen Leuten: Mein altes Fahrrad, das ich meinem Bruder gegeben hatte, wurde ihm direkt vor der Haustür gestohlen. Denn wie es so geht, wenn etwas extrem beliebt ist, wird daraus auch gleich ein einträgliches Business für die kleinen Gauner, die es leider überall gibt. Ich kenne Leute, die haben ein Fahrradschloss, das teurer ist als das ganze Fahrrad, nur damit man es nicht klauen kann – zumindest nicht das Schloss.

In unserem Fall hat uns die Dummheit der Diebe geholfen. Ich war gerade auf der Frankfurter Buchmesse unterwegs, als mich mein Bruder direkt nach dem Diebstahl anrief. Er war ganz aufgelöst, aber ich riet ihm:

»Schau doch mal auf Ebay nach, ob du es nicht dort entdeckst.« Noch am selben Tag meldete er sich wieder – das Rad war tatsächlich angeboten worden, die Anzeige stammte noch von Mitternacht. Da hatte es jemand offenbar sehr eilig gehabt. Diese Unvorsichtigkeit schrie geradezu nach einer kleinen Revanche und ich schlug vor:

»Weißt du was, ruf den an und tu so, als wolltest du das Fahrrad kaufen. Und dann gehst du mit der Polizei hin.« Gesagt, getan, und tatsächlich: Der Gauner fiel darauf herein. Die Polizei kassierte auf diese Weise gleich drei Typen ein, und es stellte sich heraus: Einer von denen war der Sohn des Nachbarn meines Bruders. Autsch, nicht schön. Ich habe zu diesem Anlass wieder ein deutsches Sprichwort gelernt: »Gelegenheit macht Diebe.« Oh ja! Deshalb fahre ich ein sehr einfaches, günstiges Fahrrad. Trotzdem habe ich mir kürzlich ein schweres Schloss dafür gekauft, war auch nicht ganz billig. Jetzt habe ich aber mehr Angst, dass mir einer das teure Schloss zerstört, als dass mir das Rad geklaut wird. Ich werde wohl immer deutscher.

Dazu gehört wohl auch, dass ich hier in Deutschland auf den Hund gekommen bin.

Hundefreunde-Land

Ich hatte früher in Damaskus eine Katze, um die ich mich gekümmert habe – aber nachdem eine Rakete einen Teil des Hauses zerstört hatte, war sie verschwunden. Ich weiß bis heute nicht, ob sie gestorben ist oder nur das Weite gesucht hat. Seitdem hatte ich kein Haustier mehr. Wenn überhaupt, sind Katzen in Syrien die üblichen Haustiere. Katzen und vielleicht noch Tauben. Die werden bei uns gerne gezüchtet, aber nicht wie hier in Deutschland nur von ein paar Spezialisten, sondern das ist dort wirklich ein weit verbreitetes Hobby.

Aber so kleine Viecher, wie sie hier vor allem zur Kinderbelustigung in Haushalten herumkrabbeln, Hamster, Kaninchen, Meerschweinchen, Mäuse oder so was wie Goldfische, Echsen, ja sogar Riesenspinnen – puh, über 30 Millionen Hausgäste aller Arten habt ihr in Deutschland. Aber Hunde belegen wohl den Ehrenplatz. Im typischen deutschen 2-Personenhaushalt verdient meistens immer nur einer von beiden das Geld. Dafür kann der andere gut »Sitz« und »Platz«! Na, kapiert? Ja, was wirklich bemerkenswert ist, das sind diese unglaublich vielen Hunde hier. Wenn ich durch die Straßen gehe oder fahre, sehe ich an jeder Ecke welche. In meiner Heimat halten sich nur ein paar wenige Reiche Hunde – und dann meistens irgendeinen Rassehund als Statussymbol. So wie andere einen Araberhengst im Stall haben. Aber im normalen Alltag kommt das nicht vor – ein Hund auf dem Marktplatz würde etwa in Homs für ganz schön Aufsehen sorgen, vielleicht würde sogar die Polizei anrücken und ihn einfangen oder gar abschießen wollen. So wie man das hier mit einem Wildschwein tun würde.

Auch wenn Hunde im Islam als unrein gelten, haben Araber aber nicht grundsätzlich etwas gegen Hunde, sondern sind deshalb in Alarmbereitschaft, weil bei uns die wenigen wilden Hunde, die außerhalb der Dörfer leben, keine sehr freundlichen Zeitgenossen sind: sie stinken, sind voller Keime und aggressiv, so ein bisschen wie Hyänen in Afrika. Wenn sie dich beißen, kannst du im schlimmsten Fall an den Krankheitserregern, die sie übertragen, sterben, also hält man lieber Abstand.

Dass ein Hund eine Art Familienmitglied ist und auch bei allen Ausflügen immer mitkommt, das habe ich zum allerersten Mal hier in Deutschland erlebt. So einen Labrador im Körbchen, mit dem dann die Kinder spielen und der zum Geburtstag einen Extraknochen bekommt, meine ich. Ich glaube, die Deutschen haben sechs Sinne, und der sechste ist ihr Hund, denn für manche Menschen gibt er dem Leben überhaupt einen Sinn. Diese Beziehung zwischen Hund und Herrchen oder Frauchen ist wirklich eine ganz besondere.

In Deutschland kann man sehr leicht vereinsamen, habe ich festgestellt. Und darum hab ich mir jetzt auch einen Hund zugelegt. Denn mir geht es durch die vielen Reisen auch so, dass ich ziemlich oft alleine bin, und das ist für mich nur schwer auszuhalten. Ich bin mindestens dreimal die Woche in einer anderen Stadt für Auftritte oder Lesungen, und natürlich treffe ich dort überall klasse Menschen, aber das ist nicht dasselbe wie jemand, der einen immer begleitet. Und so kam dann eines schönen Tages Zucchini in mein Leben, das kleine Chihuahua-Mädchen – eine Prinzessin, die in eine Umhängetasche passt und die es da drinnen auch großartig findet. Denn so einen Ausblick bekommt ein so kleiner Hund mit 15 cm Augenhöhe sonst nicht. Außerdem ist sie gerne ganz nah bei mir.

Es war Liebe auf den ersten Blick: Ich kam nach Köpenick zu einer Frau, dort gab es einen frischen Wurf Chihuahuas. Und da machte es dann *Zooooom!* Eines der Hundemädchen hat mich angesehen, und es war um mich geschehen. Es ist das erste Wesen in meinem Leben, das sich immer und ohne jeden Vorbehalt freut, wann immer es mit mir zusammen ist. Dann schlägt sie drei Purzelbäume und jagt meine Schnürsenkel oder auch meine Fußzehen, je nach Stimmungslage, und sie ist verschmuster als jede Katze. Sie kommt morgens und weckt mich. Sie kuschelt mit meinem Bart. Sie knabbert an meinen Fingerspitzen und sie schreit und bellt, wenn sie Hunger hat oder Gassi gehen möchte.

Inzwischen weiß ich, was ein Hund mit einem machen kann. Er kann dir ans Herz wachsen, wie dein eigenes Kind. Zum ersten Mal erlebt habe ich das bei der Fußball-WM 2018. Ich war gerade mit Zucchini im Park unterwegs, als es plötzlich knallte, so laut, als wäre ich wieder in Syrien und die Scharfschützen hätten geschossen. Aber der Schuss war von Kroos in der 90. Minute gegen Schweden und hat Deutschland gerettet. Ich hatte das nach einer Schrecksekunde klar, aber meine kleine Prinzessin hat die Beine in die Hand genommen – alle vier – und ist durch die Abenddämmerung abgedüst wie der Blitz. Ich natürlich sofort hinterher, ich glaube, ich bin noch nie so verzweifelt jemandem hinterhergerannt – quer durch die Innenstadt, überall die breiten Straßen mit Verkehr, jeden Augenblick habe ich damit gerechnet, quietschende Reifen und ein Hundejaulen zu hören. Ich war so außer mir, habe gebrüllt und geweint, und das über Kilometer, immer weiter. Irgendwann muss ihr die Puste ausgegangen sein – da war ich schon jenseits von, aber ich lief immer noch. Hab sie schließlich erwischt und bin mit ihr im Arm auf einer Bank zusammengebrochen. Das hatte ich nie, nie, nie zuvor so empfunden, für irgendjemanden sonst. So fühlen sich vermutlich Eltern, aber ich kann es nicht sagen, ich habe ja noch keine Kinder. Es ist ein kleines Hundewesen, aber seitdem weiß ich, dass sie so viel mehr für mich geworden ist. Liebe Deutsche, an dem Abend hab ich euch besser verstanden mit euren Vierbeinern. Nur das mit dem Feuerwerk – völlig gedankenlos und wegen einem Vorrunden-Tor, also das versteh ich immer noch nicht. Nicht lustig!

Schade, dass Hunde *haram* sind – im Islam also als unrein gelten –, denn sie sind ein hervorragendes Mittel gegen Schwermut. Die Menschen mit Fluchterfahrung, die oft Depressionen entwickeln, könnten damit bestimmt gut betreut werden – und Hunde sind viel günstiger als Psychotherapeuten. Ich weiß, dass es hier zwar so etwas wie Therapiehunde gibt, aber für die meisten Araber käme das einfach nicht infrage. Mir ist das jedenfalls egal. Zucchini ist mein Lichtblick – ich darf nur nicht über sie drüber fallen, dauernd rennt sie um meine Füße, und sie ist eben nicht größer als ein Döner – ich drehe mich im Kreis und suche sie, dabei dreht sie sich hinter mir im Kreis, und dann denke ich, sie wäre verschwunden. Ob sie das wohl mit Absicht macht?

Weil sie nicht mal ein Kilo wiegt, kann sie mich überallhin begleiten, und das ist für uns beide einfach nur perfekt. Sie braucht natürlich auch einiges an Pflege, muss geimpft werden, regelmäßig entwurmt, zum Arzt, und braucht Zeit zum Spielen. Erziehen muss man seinen Hund natürlich auch, sogar einen Hundeführerschein machen. Sonst wäre ich in Berlin verpflichtet, Zucchini überall draußen an die Leine zu nehmen. Und ganz ehrlich, so einen Flummi an der Leine? Ich wäre nur noch mit Knotenlösen beschäftigt.

Für einen Filmdreh für die *Deutsche Welle* habe ich mit ihr mal eine Berliner Hundetrainerin besucht, und da haben wir in der Stunde gelernt, wie man »Sitz« macht. Ich kann es jetzt hervorragend – meine kleine Hundeprinzessin hingegen ... na ja. Wir üben noch.

Ich habe durch Zucchini jedenfalls wieder sehr viel gelernt, nicht nur über Hunde, sondern auch über die Deutschen. Denn Deutsche sind Fremden gegenüber zwar eher zurückhaltend, aber Hunde lieben sie über alles. Wenn du mit einem Vierbeiner unterwegs bist, lernst du auf der Straße plötzlich wie von selbst wildfremde Menschen kennen. Das ist irre: Ich gehe mit Zucchini in Neukölln spazieren, da rufen Leute aus dem Fenster im 2. Stock: »Oh, ist der süß! Welche Rasse ist das? Wächst der noch?« Mit Kindern lernt man sicher auch andere Eltern kennen. Aber niemand würde aus dem Fenster rufen: »Ist das ein Mädchen? Und wächst die noch? Futtert die viel?« An manchen Tagen muss ich gefühlt fünfzigmal Auskunft geben. Ich habe schon überlegt, kleine Flyer zu drucken, wo alles Wichtige draufsteht, die könnte ich den Leuten dann in die Hand drücken. Die Menschen in Deutschland flippen bei Hunden genauso aus wie bei Fußball. Mit Hund gibt es auf einmal überhaupt keine Berührungsängste mehr.

In meinem Hochhaus wohnen 800 Parteien. Ich habe in vier Jahren dort keinen einzigen Nachbarn richtig kennengelernt. Seit Zucchini mit im Fahrstuhl ist, sprechen mich dort alle auf sie an. Kinder bieten mir an, dass sie gerne Hundesitter wären, ganz ohne Bezahlung, einfach so. Und auf einmal grüßen wir uns im Flur. Es ist einfach unglaublich. Wenn ich anderen Hundebesitzern begegne, ist es noch heftiger, so als hätten wir plötzlich Mützen vom selben Fußballclub auf. Wenn die Hunde sich beschnuppern, und das tun Hunde ja andauernd, dann beschnuppern sich auch ihre Herrchen: Sie fangen an, sich nach deinem Tier zu erkundigen – fast so wie Araber, die nach deiner Familie fragen. Aber ich verstehe schon, die Deutschen haben ja nicht so viel Familie wie wir – also reden sie eben über die Hunde. DAS sollten sie mal im Integrationskurs vermitteln, vielleicht wäre es so viel leichter, einen Weg in die Gesellschaft zu finden. Erst einen Therapiehund, dann einen Integrationshund – und bam, alles gut. Oder?

Betreuungsland

Deutschland ist gepflastert mit Betreuungseinrichtungen. Im Grunde wird all das, was bei uns die Familie übernimmt, von öffentlichen oder privaten Stellen übernommen, wo speziell ausgebildete Profis arbeiten. Es ist ein so vollkommen anderes System als in meiner Heimat, dass ich erst ein paar Jahre gebraucht habe, um überhaupt zu überblicken, was es alles gibt: Überall gibt es Kitas und Kinderkrippen für die ganz Kleinen, es gibt Ganztagsschulen, Altenheime für die Pflegebedürftigen, spezielle Wohnheime für Menschen mit Behinderungen, und sogar Werkstätten, wo sie arbeiten können. Es gibt Kinderdörfer und Jugendwohngruppen für alle, die aus schlimmen Verhältnissen rausmüssen, und dazu noch Frauenhäuser, wenn es Gewalt in den Beziehungen gibt. Folgerichtig gibt es auch Wohnheime für Geflüchtete. Das Einzige, was es noch nicht gibt, sind Auffanglager für abgedrehte Politiker, die landen dann stattdessen bei Markus Lanz auf der Couch.

Klingt alles ganz großartig, wie so ein Rundum-Wohlfühl-Paket, wobei das alles doch nicht immer so einfach ist, wie ich mitbekommen habe: Eine Freundin hat eine Tochter, die in der Kita angemeldet werden musste, und ich sollte zur Unterstützung mitkommen. Ich bin ja Bürokratie-kampferprobt, da ich schon beim Asylantrag und später bei der Wohnungssuche langen Atem bewiesen habe, aber das war nichts im Vergleich mit dem Wettstreit um einen Platz im Kindergarten. An jeder Ecke in Deutschland findest du eine

Dönerbude und eine Tankstelle – aber such mal ergartenplatz. Und dann auch noch in Berlin. Spaß, Leute.

In der Hauptstadt hat zwar jedes Kind ab einem Jahr einen staatlich garantierten Anspruch auf eine Betreuung in der Kita. Aber Anspruch und Wirklichkeit sind zwei verschiedene Paar Sandalen – den Platz muss es eben auch geben, versprechen kann man viel. Und so kam meine Freundin erst mal auf eine Warteliste, und dann auf eine zweite und eine dritte und immer so weiter. Rückmeldung gab es nie, und wir fingen an, dort nachzufragen. Es war wie damals bei der Ausländerbehörde – bei der zehnten Kita hab ich reflexartig einen Automaten für Wartenummern gesucht. Schließlich, nach vielen, vielen und noch viel mehr Telefonaten und Bewerbungsgesprächen (!) gab es auch für die Tochter meiner Freundin endlich einen Platz. Mann, wir haben das gefeiert, als hätte die Kleine schon ihre Doktorarbeit bestanden.

Da war ich mir dann nicht mehr so sicher, ob eine Institution jemals das ersetzen kann, was bei uns die Familie übernimmt – es ist eben doch viel bürokratischer, wenn es vom Staat organisiert wird.

Eine weitere »Betreuungseinrichtung«, die mir in Deutschland aufgefallen ist – und zwar positiv –, sind die Schulen hier. Auf meinen Reisen habe ich eine ganze Menge davon von innen gesehen und viel mit Schülern gesprochen. Die Jugendlichen, mit denen ich zu tun bekommen habe, sind für ihr Alter so viel offener, selbstbewusster, und das

Verhältnis zu den Lehrern ist viel freundschaftlicher, als ich das aus meiner Heimat kenne. Auf jeden Fall haben sie sehr viel mehr selbstständiges Denken gelernt. Der wohl größte Unterschied zu Syrien ist aber, dass hier die Lehrer Schüler nicht schlagen dürfen. Die Lehrer in der Schule in Syrien dagegen können fast alles mit dir machen. Wusstest ihr übrigens, dass das nicht nur in arabischen Ländern so ist, sondern dass auch die Lehrer in 19 US-Staaten, vor allem im Süden, ebenfalls zuschlagen dürfen? Dort gibt es immer noch das Schlagholz, ein Paddel mit Löchern drin, das es hier nur noch in der Sadomaso-Abteilung im Sexshop gibt. In Saudi-Arabien ist die Prügelstrafe dagegen strikt verboten. Na ja, dafür haben sie dort die Todesstrafe per Enthauptung und öffentliche Stockschläge als Strafen.

Bei uns in der Schule herrschte immer Angst: Der Lehrer schlug die Schüler, sogar Mädchen. Meistens wurden wir mit dem Stock geschlagen, auf die Hände und früher auch auf die Füße, zwei Mitschüler mussten einen dann festhalten. Diese Typen behandelten uns eigentlich wie Tiere – und damit meine ich nicht so, wie die Deutschen mit ihren Haustieren umgehen, nein, sondern eher wie bei einem Landwirt: Wenn der Esel nicht tat, was er machen sollte, wurde er eben geschlagen, um ihn gefügig zu machen. Das erinnerte schon alles sehr an die Verhältnisse in der syrischen Armee. Wir gingen ja in Schuluniformen, die wie Armeeuniformen aussahen, Khaki und mit einem Korporalschloss-Gürtel. Und vor der Schule noch Exerzieren im Gleichschritt – wie auf einem Kasernenhof. Inklusive Salutieren und einem Schwur: Wir mussten dem Präsidenten Assad Liebe und Aufopferung geloben und auch seiner Baath-Partei. Jeden Morgen:

»Ich gebe meine Seele, mein Leben für Assad. Bester Präsident für Syrien.« Und am Ende dann: »Ich schwöre mit Handzeichen.« Der Gruß dazu sieht ungefähr so aus wie der Hitlergruß. Ich habe es gehasst. Assad lieben, obwohl ich ihn nicht kenne?

Außerdem gab es ein Fach »Armee«, da lernten die Kinder bis ungefähr zu meiner Schulzeit, wie man eine Kalaschnikow-MG auseinanderbaut. Das ist dann später durch Sportunterricht ersetzt worden. Wie es heute ist, weiß ich nicht – jedenfalls besteht die Uniform inzwischen nur noch aus einem blauen Hemd für Jungen und einer rosa Bluse für Mädchen. Ich hasste es damals, in Uniform zur Schule zu gehen, ich mag noch nicht mal Hemden, trage auch heute nie eines. Jeden Tag dieselbe Kleidung, und weil sie teuer war, hatte ich nur eine Garnitur – die musste nach dem Unterricht sofort gewaschen und gebügelt werden, wenn sie am nächsten Tag trocken sein sollte.

So wie der Staat über die Lehrer Macht hatte, hatten sie die absolute Macht über uns. Ich erinnere mich noch, da war ich 15 Jahre alt: Einer meiner Lehrer wollte sich setzen, doch sein Stuhl rutschte nach hinten. Ich stand daneben und versuchte, den Stuhl aufzuhalten. Mein Lehrer dachte allerdings, ich hätte ihm einen Streich spielen wollen, und es gab ein furchtbares Donnerwetter, gefolgt von einer Lehrerkonferenz. Bis dahin könnte das auch noch in Deutschland so passiert sein. Aber bei mir hatten die Lehrer und auch der Direktor daraufhin alle gemeinsam unterschrieben, dass ich von ALLEN SCHULEN Syriens ausgeschlossen werden sollte. Das Schlimmste hier in Deutschland wäre ja, dass man eben an eine andere Schule wechseln muss – aber nicht, dass dein Leben und deine gesamte berufliche Laufbahn mit 15 vernichtet wird.

Meine Angst vor dieser Katastrophe war riesengroß, also bin ich, nachdem alle das Konferenzzimmer verlassen hatten, heimlich reingeschlüpft. Ich habe das Papier gefunden, zerrissen und die Schnipsel mitgenommen. Der Direktor kam zurück und suchte und suchte. Natürlich vergeblich. Irgendwann wurde ich in sein Büro gerufen, und er meinte zu mir:

»Firas, ich mag dich eigentlich und will deine Zukunft nicht zerstören. Also bis zum Ende des Schuljahres in zwei Wochen bleibst du hier, dann gehst du woanders zur Schule und wir reden bis dahin nicht mehr davon.« Und so haben wir es gemacht.

Vielleicht ist auch nicht alles Zuckerschlecken in den Schulen hier, aber auf jeden Fall ist man nicht völlig abhängig vom Mitleid der Amtspersonen oder einer »Spende« – denn natürlich wäre das dann die einzige Rettung für mich gewesen: ein paar Scheine von meinen Eltern an die zuständigen Lehrer. Und wer zu arm dazu ist, bleibt auf der Strecke.

Preußische Tugend Pünktlichkeit

Jede Nation oder Gesellschaft hat ein bestimmtes Bild von sich selber, genauso wie sie eine bestimmte Vorstellung von allen anderen hat. Ein häufiges Bild hier in Deutschland sind die deutschen oder die »preußischen Tugenden«. Da kann man schon raushören, dass es wohl eher mit Nostalgie als mit der Realität zu tun hat. Doch egal, wen ich frage, man kennt sie und kann sie mehr oder weniger runterbeten: Fleiß, Ordnung, Pflichtbewusstsein, Sorgfalt und auch die vielgerühmte Pünktlichkeit gehören dazu – und zwar im direkten Gegensatz zu einem eher schwammigen »orientalischen« Terminbewusstsein, das sich mehr so nach dem Sonnenstand richtet.

Also dass wir Araber nicht pünktlich sind, das ist ein Klischee, das wir auch selber ganz gerne über uns erzählen, aber es stimmt nicht. Bei uns fängt die Schule genauso pünktlich an wie in Deutschland und man bekommt genauso ernste Probleme, wenn man zu spät kommt – eigentlich sogar noch ernster als hier. Bei Konzerten ist es genauso oder im Kino – und Post haben wir nicht in der Form, dazu kann ich nichts sagen. Jedenfalls war ich ein pünktlicher Mensch, BEVOR ich nach Deutschland kam. Jetzt komme ich viel öfter zu spät. Und dann höre ich von meinen Terminpartnern:

»Ah na ja, du bist Araber, du musst dich hier ein bisschen besser integrieren, hier ist man pünktlich.« Oder in irgendwelchen Ratgebern oder Integrationskursen wird das ausdrücklich erwähnt. Ähm – okay, bin gerne integrativ pünktlich, wenn die Deutsche Bahn sich bitte auch ein bisschen integriert?

Nun bin ich als Orientale die letzten Jahre extrem viel in der Republik unterwegs gewesen, mit so ziemlich jedem Verkehrsmittel, und wenn ich über meine Erfahrungen dabei nachdenke, dann fällt mir dazu ein ganz passender Witz ein, nämlich diese Durchsage im ICE:

»Meine Damen und Herren, wir erreichen unseren Zielbahnhof Hamburg heute etwa zehn Minuten vor der geplanten Ankunftszeit. Aber erzählen Sie es keinem, es glaubt Ihnen sowieso niemand.«

Wenn ich in Deutschland mit der Bahn fahre, dann sieht das ungefähr so aus: Die Fahrt dauert laut Fahrplan ungefähr zweieinhalb Stunden. Von wegen! Zunächst einmal kommt der Zug nicht, dann gibt es eine Durchsage – Bauarbeiten. Also muss ein Umweg über Bremen genommen werden. Moment, bitte was? Bremen? Auf der Fahrt von Bielefeld nach Berlin? Das ist jetzt nicht ganz der gerade Weg – eher ein spitzer Winkel. Irgendwie scheinen diese Bauarbeiten auch immer ganz überraschend stattzufinden, es muss da so eine Guerillagruppe von Handwerkern geben, die ohne Vorwarnung wie der Blitz zuschlägt und marode Streckenabschnitte herrichtet – und die armen Planer bei der Bahn müssen dann sehen, wie sie das sportlich umschiffen. Das erklärt aber nicht die häufigen Weichenstörungen, also offenbar gibt es zu wenige dieser Guerillahandwerker, oder aber regelmäßige Instandsetzung ist deren Sache nicht. So dass wir nun über Leipzig fahren müssen, genau die andere Seite von Berlin. Es ist ein bisschen so, wie wenn man mit dem Segelschiff bei Gegenwind über einen See kreuzen muss. Es gibt zusätzlich über vier Stunden Verspätung, zusammen also fast sieben. Statt um 19 Uhr komme ich kurz vor Mitternacht in Berlin an. Deutsche Pünktlichkeit, fantastico! Ich habe das auf meiner Facebook-Seite gepostet, einfach um mich ein bisschen abzureagieren, und erlebte eine breite Welle der Zustimmung, es scheint also kein Einzelfall zu sein. Eher die Regel. Einer schrieb:

»Firas, du bist wirklich in Deutschland angekommen, du meckerst schon wie die Deutschen.«

Ein anderer ist eher belustigt: »Sieben Stunden soll ein Rekord sein? Du bist echt noch nicht lange in Deutschland!«

Meine persönliche Durchschnittsverspätung liegt mittlerweile bei zwei Stunden bei längeren Strecken, und je schneller der Zug eigentlich fahren kann, desto größer die Verspätung.

Das wäre jetzt auch der richtige Zeitpunkt, um ein wenig über den fast fertigen Flughafen Berlin-Brandenburg zu schreiben, dem teuersten Witz der deutschen Geschichte. Der hat ja mit dem Mars Folgendes gemeinsam: In etwa dreißig Jahren sollen dort die ersten Menschen landen.

Aber lieber ein Wort zu Handwerkern und dem Paketdienst! Ich sehe schon, wie alle jetzt mit dem Kopf nicken. Kennt ihr diese Ansage vom Kundendienst für den DSL-Anschluss? Dieses »Seien Sie bitte zwischen 8 und 18 Uhr zu Hause«? Hä? Wie soll ich das denn machen? Beim ersten

Mal dachte ich, das könne nur ein Schreibfehler sein. Aber Freunde erklärten mir, dass ich keine Wahl hätte, das sei einfach so üblich, übrigens auch bei den meisten Handwerkern. Bin ich also zu Hause geblieben und hab gewartet. Und gewartet. Und gewartet. Doch keiner kam. Aus »unpünktlich« wurde »gar nicht«.

Ähnlich ging es mir mit einem bekannten Paketdienst, der mit »D« beginnt. Ich bekam einen Termin zur Abholung eines Päckchens bei mir daheim. Die haben den Telefondienst sogar noch übertroffen und kamen sogar drei Mal nicht. In der Benachrichtigung, die ich am nächsten Tag aus dem Briefkasten gefischt habe, stand dann: »War nicht zu Hause!«, oder »Keine Abholung möglich!« Aber ich war definitiv zu Hause, und meine Tür ist nicht über Leitern, Fallbrücken oder Fähren erreichbar, sondern bequem per Fahrstuhl. Aber den absoluten Knaller muss ich auch noch loswerden: Einmal habe ich einen Paketschein erhalten mit der Info: »Paket wurde abgegeben beim Nachbarn mit dem Nachnamen ›Bitte keine Werbung‹«. Okay. Danke. Falls das mit dem YouTubersein irgendwann mal nicht mehr klappen sollte, habe ich eine Idee für einen neuen Job in Deutschland: Türsteher für Paketdienste – das wird wahrscheinlich besser bezahlt, als bei den Paketdiensten selber zu arbeiten.

Bürokratie-Republik

Deutschland wirkt auf mich manchmal wie ein riesiges

Großraumbüro. Selbst denen, die damit aufgewachsen sind, ist die Herrschaft der Regeln und Paragrafen oft ein Gräuel. Wenn du jemandem den Tag verderben willst, sag zwischendurch einfach mal »Steuererklärung« – und wirklich jedem fällt das Lachen aus dem Gesicht. Sofort kommt nämlich die Erinnerung an endlose Nächte mit Bleistift, Radiergummi und zusammengebissenen Zähnen vor dem Stapel Formulare oder an den Kampf mit der Online-Eingabemaske der Finanzämter.

Nein, Bürokratie macht definitiv überhaupt keinen Spaß, aber irgendwie glauben trotzdem alle hier daran, dass es wohl einfach nicht anders möglich ist. Was natürlich Quatsch ist, in Estland zum Beispiel geht man online und der Staat hat schon alles vorausgefüllt, mit allen Infos von Versicherungen, Arbeitgebern usw. Man schaut kurz drüber und klickt »okay«. Fertig. So geht Steuererklärung auf Estnisch, innerhalb von zehn Minuten. Kein Witz, googelt das mal.

In Deutschland kenne ich so gut wie keinen Amtsprozess, der nicht wenigstens ein eigenes Diplom benötigt, um ihn zu verstehen. Ein Amt schickt dich zum nächsten. Wo sie dir dann was völlig anderes erzählen als das erste Amt. Und wenn du Pech hast, bleibst du irgendwann in einer Dauerschleife hängen, ungefähr so, wie wenn dein Computer sich aufhängt und alles auf einmal stillsteht.

Eine solche Abenteuer-Geschichte aus dem Land bürokratischer Verknotungen haben meine Eltern erlebt, die ich zum Glück 2016 endlich nach Deutschland holen konnte.

Damit war eine meiner größten Sorgen endlich von meinen Schultern genommen. Jetzt mussten sie nur noch ihre Situation hier vor Ort klären – eine Wohnung war dabei noch das Einfachste, denn sie zogen vorerst zu meinem Bruder. Doch dann kam der erste Gang zum Jobcenter, und ab da wurde es kompliziert. Beide meiner Elternteile sind zwar schon älter, doch nur mein Vater nach deutschem Recht bereits im Rentenalter.

»Dafür sind wir nicht zuständig, er muss zum Sozialamt, wir können nur Frau Alshater Unterstützung auszahlen«, hieß es beim zuständigen Sachbearbeiter im Jobcenter.

»Na gut, dann machen wir eben erst mal den Antrag für meine Mutter?«, schlug ich vor.

»Ja nein, das geht auch erst, wenn wir wissen, wie hoch die Existenzsicherungsleistung vom Sozialamt ist.«

»Aha?«

»Dazu benötigen Sie von dort eine Bescheinigung.« Hach, Deutschland, Land der Papiertiger. Also gingen meine Eltern brav zum Sozialamt und schilderten dort ihre Situation. Aber auch das war nicht so einfach:

»Ja nein, das geht nicht.«

»Aha?«

»Wir können die Leistungen für Herrn Alshater ja erst berechnen, wenn wir wissen, welche Einkünfte die weiteren Familienmitglieder im Haushalt haben. Darum benötigen wir die Bescheinigung des Jobcenters.«

Meine Eltern also zurück zum Jobcenter, die ihnen noch einmal freundlich mitteilten, dass sie wirklich nichts für sie tun könnten. Nun war es passiert: Meine Eltern hatten sich durch den kleinen Altersunterschied zwischen meinem Vater und meiner Mutter mal eben in eine Dauerschleife der deutschen Bürokratie manövriert – hätte mein Vater nicht immer so drauf bestanden, dass die Frau in der Ehe immer jünger sein muss, vielleicht wäre es anders gekommen. Also überlegten wir im Familienrat, was nun zu tun sei. Am Ende entschieden wir kurzerhand, dass mein Vater verschwinden musste. Auf einmal war er einfach nicht mehr da. Keine Ahnung wohin. Vielleicht zurück nach Syrien? Wir stellten uns ahnungslos. Meine Mutter ging also alleine zum Jobcenter und schilderte die neue Situation: Papa lost! Und siehe da, auf einmal war die Sache überhaupt kein Problem mehr. Sie bekam den Bescheid über ihr Arbeitslosengeld II und wir setzten Phase II unserer Notlösung um: Papa recovered! Ein Wunder, ein Wunder, mein Vater war wieder aufgetaucht, alles nur ein großes Missverständnis, was sind wir aber erleichtert … Beide gingen also samt Bescheid vom Jobcenter zum Sozialamt, um endlich die Leistungen zu beantragen, die ihnen zustanden, und tatsächlich: Ab jetzt war die Sache ein Kinderspiel.

Gut, ich übertreibe, es ist nie ein Kinderspiel, wenn man mit staatlichen Stellen zu tun hat. Aber sollten meine Eltern doch noch einmal über einen Beruf nachdenken, vielleicht könnten sie ja Workshops für Deutsche geben? »Kreativer Umgang mit Gordischen Knoten im deutschen Sozialleistungssystem«, wie wäre das? Nur so als Idee. Zum Glück braucht man hier noch keinen Berechtigungsschein, um ein

Kind in die Welt zu setzen, Deutschland wäre bald entvölkert.

Was ich damit sagen will: Diese Bürokratie – so gut sie im Prinzip auch für die Bürger und alle, die neu dazukommen, sorgen will – kann ganz schnell zum Gefängnis werden, auch für die Bürokraten selber. Denn selbst wenn man Millionen Gesetze macht, das Leben ist viel zu bunt, als dass man wirklich alles regeln könnte. Das ist einfach eine Utopie. Man muss auch für den gesunden Menschenverstand noch etwas Platz lassen. Das ist mir besonders deutlich geworden, als ich einmal auf dem Rückweg von einer Lesung in der Bahn kontrolliert wurde – ohne Fahrschein, ohne Geldbeutel, nur mit meinen Kleidern auf dem Leib. (Leider vergesse ich nämlich gerne mal was und war gerade auf dem Weg, mir meine Sachen wiederzuholen.) Das führte den armen Kontrolleur in ein schier unlösbares Dilemma.

»Dann bitte Ihren Ausweis!«

»Aber der war mit im Portemonnaie.«

»Ohne Ausweis müssen wir die Polizei rufen.«

Ich fand in meiner Hosentasche zufällig noch meine Studentenkarte – HA! Papier. Aber nein, das reichte nicht:

»Da steht Ihre Adresse nicht drauf.«

»Die kann ich Ihnen gerne sagen.« Nein, das konnten sie mir nicht glauben, denn ohne Ausweis könnte ich ja einfach irgendetwas behaupten. Zufällig stand eine Frau mit an der Station, die bei meiner Lesung gewesen war, und wollte für mich bürgen. Sie schlug vor:

»Googelt den doch mal – er ist richtig bekannt –, ihr seht sein Gesicht in jedem Bericht über ihn im Internet!« Meine Bekannte suchte also mit ihrem Handy online nach mir und hielt den beiden Kontrolleuren einen Ausschnitt aus einem TV-Interview unter die Nase.

»Das geht nicht, wir müssen in so einem Fall die Polizei verständigen, zur Feststellung der Personalien.«

»Aber Sie sehen das doch hier auf dem Bild, der Typ da in dem ZDF-Beitrag – erkennen Sie den nicht? Das ist Firas. Ich war heute auf seiner Lesung.«

»Ja, aber trotzdem, so sind die Vorschriften.«

Also versuchte ich es mit einem Kompromiss:

»Schauen Sie mal da hinten, das Hotel, das sind fünf Minuten zu Fuß, da ist mein Ticket und mein Ausweis, gehen wir doch einfach da hin, das geht viel schneller, als jetzt eine halbe Stunde auf die Polizei zu warten.«

»Das geht nicht.«

»Oder meine Kreditkarte, dann hebe ich eben gleich die Strafe ab.«

»Das geht leider auch nicht.« Sie riefen also notgedrungen bei der Polizei an. Und wir haben gewartet. Und gewartet. Und noch mehr gewartet. Währenddessen habe ich ein bisschen erzählt, was ich so mache, habe ein paar Späße gemacht. Wir standen am Ende eineinhalb Stunden lang dort an der Station herum. Schließlich hat sein Kollege ihn überredet, dass wir nun doch zum Hotel gehen sollten. Gerade als wir losgehen wollten, kam dann doch noch die Polizei. Der Kontrolleur ging hin und erklärte, alles wäre in

Ordnung. Nach fast zwei Stunden miteinander war ich ihm offenbar sympathisch genug, und aus dem großen Drama wurde ein kleines. Als er vom Polizeiwagen zurückkam, meinte er zu mir: »Weißt du was, hol einfach dein Ticket im Hotel, und wir lassen es gut sein.« Und dann gingen sie einfach weiter kontrollieren. Für alle Beteiligten war das Ganze nur eine doofe Situation. Er hatte seine Vorschriften. Ich hatte meine Beweise, gerade mal fünf Minuten weit weg – aber die Vorschriften haben verhindert, dass wir das Problem so einfach lösen konnten. Ist das nicht schade? Die anderen hatten in der Bar fast zwei Stunden auf mich gewartet. Beinahe hätte ich einen Eintrag oder sogar eine Vorstrafe erhalten – weil ich mein Portemonnaie vergessen hatte. Was für ein Drama. Und alle meinten es nicht böse. Das ist halt Deutschland.

Einmal Deutschland 2. Klasse, bitte!

Es hat schon immer eine erste Klasse gegeben, nicht nur auf der Titanic. Auch die Deutsche Bahn und die Lufthansa kennen das, und da hat wahrscheinlich auch niemand was dagegen. Etwas mehr Komfort für etwas mehr Geld, das ist okay, solange beide im selben Zug sitzen – und wenn die Bahn gewohnt unpünktlich ist, muss der Minister in der ersten Klasse genauso warten wie der Firas in der zweiten. Etwas anderes ist das bei der Gesundheitsversorgung mit privaten und gesetzlichen Krankenkassen, das kenne ich auch aus Syrien. Man kann da geteilter Meinung sein, ich denke ja eigentlich, dass Gesundheitsversorgung ein Menschenrecht sein sollte. Doch ganz eindeutig nicht im Sinne der Erfinder ist die Erfahrung, wenn man sich plötzlich außerhalb der Gesellschaft wiederfindet oder zumindest mit reduziertem Zugang. So als dürfte man in den Zug gar nicht erst einsteigen. Und das erleben gerade nicht nur Geflüchtete, sondern generell Menschen aus bestimmten Ländern – obwohl ja eigentlich niemand aufgrund seiner Herkunft diskriminiert werden darf. Kleines Beispiel: Versuch mal als Iraner oder Syrer ein Bankkonto in Deutschland zu eröffnen. Die Regierung hat inzwischen den Banken die Vorgabe gemacht, dass jedem ein Basis-Girokonto zugänglich gemacht werden muss. Das macht auch völlig Sinn, denn man kann ohne ein Konto nichts abschließen, nicht einmal einen Internetvertrag, und erst recht keinen Job annehmen, und auch nicht seine Miete bezahlen. All das läuft über ein Bankkonto. Es gibt auch Deutsche, die keines haben, weil ihr altes gepfändet wurde. Ich habe keine Ahnung, wie die das machen. Ich habe ein Online-Konto in Finnland eröffnet, denn als ich versucht habe, eines in Deutschland zu bestellen, lief ich gegen Mauern. Ich versuchte es bei einer nicht näher bezeichneten deutschen Bank. »In wenigen Minuten zum Girokonto«, werben sie online. Großartig. Aber beim Anmeldeformular ging es schon los. Man muss dort seine Nationalität aus einer Liste auswählen, und es gibt fast alle Länder – außer Syrien. Als würde es das Land nicht geben. Okay, Nordkorea ist ebenfalls nicht dabei. Ich rufe also an. Nach etwa zwanzig Minuten Warteschleifenmusik hebt endlich jemand ab:

»Hallo, XY-Bank, Sie sprechen mit XY, was kann ich für Sie tun?«

»Hallo, ich bin Firas Alshater, ich habe einen syrischen Pass und einen deutschen Pass, und ...«

»Piep piep piep ...« (hat aufgelegt)

Zweiter Versuch: Zwanzig Minuten Musikgedudel, dann lande ich bei einer neuen Mitarbeiterin. Diesmal werde ich weitergeleitet und jemand bittet mich, mit dem Handy eine Aufnahme von mir und meinem Pass zu machen. Dem syrischen, der inzwischen abgelaufen ist, sowie meiner deutschen Aufenthaltsgenehmigung. Immerhin, sie legt nicht gleich auf. Ich schicke dieses Bild also per E-Mail an die Bank. Wochenlang keine Rückmeldung. Ich rufe also wieder an – dieses Mal komme ich nach achtzehn Minuten weiter, mein Rekord bei der Bank. Und eine höfliche Mitarbeiterin erklärt mir, dass mein Pass in der ersten Mail nicht richtig zu erkennen war. Na toll, das hätten sie mir doch auch mal zurückmailen können. Ich sehe mir das Bild noch mal an – es ist alles kristallklar, mit der Kamera meines Smartphones könnte man Kinofilme drehen. Aber die Dame hat eine Idee:

»Sie bekommen eine Mail und müssen damit zum Rechtsanwalt, Notar, Post oder Bank – wegen der Identitätsfeststellung.« Na gut – es ist hier sehr schwer, jemandem zu beweisen, wer man ist. Ich warte auf die Mail und erkundige mich schon mal bei der Post. Die können mir aber nicht weiterhelfen, denn dort zählt meine Aufenthaltsgenehmigung offenbar nichts, und mein syrischer Pass ist ja abgelaufen.

»Warum beantragen Sie keinen neuen bei der syrischen Botschaft?« Nun ja, zum einen, weil ein Regimegegner wie ich vermutlich gar keinen neuen Pass erhält, zum anderen, weil es derzeit der teuerste Pass der Welt ist. Die Verlängerung kostet bei der Botschaft 800 Dollar. Mit dem darfst du dann fast nirgendwohin in der Welt, aktuell nur in 32 Länder. Es ist zugleich also auch fast der wertloseste Pass überhaupt, qualitativ schlechter sind nur noch Pakistan, Irak und Afghanistan. Ich warte also auf die Mail der Bank, aber die kommt wieder nicht. Natürlich. Ich rufe also erneut an, und irgendwann und mit viel Hin und Her gelingt mir das mit der Identitätsfeststellung doch. Aber erneut kommt keine Bestätigungsmail, dass mein Konto nun eingerichtet wird. Bei meinem fünften Anruf eröffnet mir schließlich einer der Mitarbeiter, dass mein Antrag auf eine Kontoeröffnung abgelehnt worden ist. Mitgeteilt hat mir das natürlich niemand. Ich bin baff:

»Wie meinen Sie das, abgelehnt? Warum denn?«

»Das kommunizieren wir nicht auf telefonischem Wege, Sie bekommen noch mal postalisch Bescheid über die Ablehnung.« Immer wenn Leute anfangen, mit dir in Behördendeutsch zu reden, »postalischer Bescheid« und so, dann weißt du, dass du verloren hast.

»Steht dann in dem Brief wenigstens drin, warum das abgelehnt wird?«

»Wir sind nicht verpflichtet, Ihnen als Bank darüber Auskunft zu geben, warum eine Person von unserem Hause abgelehnt wird. Es gibt Kriterien, die da greifen, und wenn die nicht erfüllt sind, kommt es zu keinem erfolgreichen Abschluss. Die einzige Möglichkeit für Sie wäre dann noch ein Gemeinschaftskonto mit einer anderen Person.«

»Also, das ist jetzt das fünfte Mal, dass ich so eine Kontoeröffnung versuche, aber ich bekomme immer noch keine Antwort, warum das nicht klappt?«

»Das wird dann auch beim sechsten Mal nicht klappen, und Sie werden auch keine Auskunft über die Gründe erhalten, das ist einfach eine Vorgabe des Arbeitgebers – und an diese Vorgabe hält sich jeder Mitarbeiter. Und in diesem Sinne ...«

»Ja, aber ...«

»... wünsche ich Ihnen dann noch einen schönen Abend. Wiederhören.«

»Hallo? ... Hallooo?«

Ich habe Freunde, denen es ganz ähnlich geht, auch solche, die gar nicht Geflüchtete sind, sondern einfach Ausländer mit Wohnsitz in Deutschland. Manchmal bekommen sie ein Konto, manchmal ein extrem limitiertes, bei dem sie maximal 100 Euro am Automaten abheben können. Die meisten iranischen Studenten zum Beispiel bekommen keines. Es gibt da keine verlässliche Regel, ein iranischer Freund schreibt auf Facebook, ich zitiere mal wörtlich:

»Ich lebe seit acht Jahren in Berlin, habe hier studiert und auch gearbeitet, und bis heute muss ich mich mit der Eröffnung eines ›normalen‹ Bankkontos herumplagen.

Irgendwie komme ich schon damit klar und lasse es mir nicht alles verderben, aber beim nächsten Mal, wenn du bei nicht-europäischen Freunden von deinen eigenen Standards ausgehst, dann solltest du wissen, dass sie viel mehr zu erdulden haben, als deine Augen es an der Oberfläche erkennen können. Vielleicht – und nur vielleicht – lächeln sie, aber das bedeutet nicht, dass sie unter den gleichen Bedingungen und in demselben Himmel leben wie du.«

Ja, leider hat Deutschland mehr Grenzen als nur die auf der Landkarte.

Eine ganz andere und doch ähnliche Geschichte hat eine gute Freundin von mir erlebt: Nadja Doukali ist Marokkanerin und schon seit ihrer Kindheit in Deutschland. Sie hat in Hessen eine katholische Kita besucht, ist selber aber Muslima, dreifache alleinerziehende Mutter – also der ganze Mix mit allem Drum und Dran, und sie weiß wirklich, wie hier der Hase läuft. Inzwischen hat sie sich einen Namen gemacht mit einer wunderbar süßen Idee, und das meine ich wörtlich: Sie hat eine muslimische Version des Adventskalenders erfunden, einen »Iftar-lender« mit dreißig kleinen Türchen, hinter denen sich Datteln im Fairtrade-Schokomantel befinden. Mit dazu passenden kleinen Sprüchen zum Nachdenken, die nicht nur für Muslime sind. Das Ganze ist eine Art Ramadan-Kalender, das heißt, während des Fastens im Ramadan kann man dann jeden Abend nach Sonnenuntergang ein Türchen öffnen und genießen – denn dann ist ja Essen gestattet, das sogenannte Iftar-Essen, daher der Name.

Nadja hat es geschafft, dass es den Kalender 2017 in vielen Supermärkten in ganz Deutschland rechtzeitig vor der Fastenzeit zu kaufen gab. Danach hat sie eine Iftarlade auf den Markt gebracht, Schokolade, die halal und koscher, vegan und fairtrade ist und damit also einen Großteil der wirklich religiösen Menschen in Deutschland abdeckt. Ähnlich wie ich für meine Youtube-Videos hat sie für diese kulturverbindende Idee viele anerkennende Briefe der Regierung, des Bundespräsidenten und eine Einladung als Referentin bei Deradikalisierungsprogrammen erhalten. Aber genau wie ich hat sie dann auf dem freien Markt die volle Dröhnung Phobien abbekommen. Als sie nämlich für den Iftarlender öffentliche Plakat-Werbeflächen in Einkaufscentern anmieten wollte, da ging es auch um ziemlich viel Geld: Sie erhielt daraufhin von Herrn X von der entsprechenden Agentur einen Rückruf:

»Frau Doukali, wir möchten davon Abstand nehmen, für Religionen oder Politik Werbung zu machen.«

»Das ist nicht ernst gemeint, oder?«

»Doch ist es, wir werden keine religiösen oder politischen Werbungen in unseren Centern zulassen.«

»Herr X, Sie haben im November mit mir sehr viel Geld verdient und Werbung für die erste halal und koschere Schokolade zugelassen. Was ist denn jetzt das Problem? Wir reden von einem Produkt mit Schokolade!«

»Ja, der Ramadan, Sie wollen Werbung für Ramadan machen.«

»Ich mache keine Werbung für Ramadan, ich habe ein Premium-Produkt und möchte Ihnen Geld in den Rachen schmeißen!«

»Wir möchten das nicht.«

»Sie behaupten also, Sie lassen keine Nikoläuse und keine Osterhasen in Ihre Center? Sie dekorieren keine Tannenbäume und verstecken keine Ostereier?«

»Dazu möchte ich mich nicht äußern.«

Nadja hat das mit einem routinierten Humor genommen, denn sie lebt ja schon eine ganze Weile hier, länger als ich auf jeden Fall. Und immerhin ist es ihr gelungen, einen großen Süßwarenhersteller an Bord zu holen, der den Kalender in Lizenz produziert hat. Und weil sie geschäftstüchtig ist, hat sie sich 2016 die Markenrechte für den Begriff »Nafri« gesichert, damit den niemand mehr ungefragt verwenden darf. Vielleicht kann sie dann bei jedem Racial Profiling oder bei Plakaten der NPD eine Lizenzgebühr erheben, um damit Workshops gegen Rassismus und Islamophobie für Mittelstands-Agenturen zu finanzieren, wer weiß. Bedarf wäre sicherlich.

Am stärksten erlebe ich dieses Gefühl der Zweitklassigkeit aber ausgerechnet bei manchen Projekten für oder mit Geflüchteten. Denn man kann mit Geflüchteten gut Werbung machen, zu sagen haben sie aber oft trotzdem nichts. Besonders, wenn es um Integration geht. Ich war 2017 für einen Integrationspreis in die Jury berufen worden, es ging um richtig viel Geld, 50.000 Euro für den Gewinner, ausgezeichnet werden sollten Projekte, die besonders gut die Integration voranbringen könnten. Es gab wirklich viele Bewerbungen, denn die Zahl der Integrationsprojekte in Deutschland ist riesig. Ich glaube, es wurden Hunderte eingereicht und ich sollte mir eine Auswahl davon genau ansehen und prüfen und dann meine Stellungnahme dazu abliefern. In der Werbung wurden meine Kolleginnen und Kollegen aus der Jury als Team aus hochkarätigen Experten bezeichnet. Nun fand ich es allerdings erstaunlich, dass ich der einzige Geflüchtete in dieser Jury war. Dennoch habe ich mir die einzelnen Projektideen wirklich genau angeschaut und schließlich das vorgeschlagen, welches aus meiner Sicht am besten bei der Integration weiterhilft: eine Plattform, die Wohnungsanbieter und geflüchtete Wohnungssuchende zusammenbringt. Denn eine eigene Wohnung ist wirklich das Allerwichtigste, um überhaupt hier in Deutschland starten zu können, genau wie ein Konto. Die Basics eben, die gesellschaftliche Teilhabe möglich machen, und die für Geflüchtete so viel schwerer zu erlangen sind. Ich habe die Zeit im Flüchtlingsheim fast wie eine Gefangenschaft erlebt, und als ich dann endlich meine erste Wohnung hatte, habe ich mir vor lauter Freude darüber den Wohnungsschlüssel 1:1 auf meinen Unterarm tätowieren lassen.

Gewonnen bei dem Urteil der Experten hat dann aber ein Fahrradprojekt für geflüchtete Frauen. Ich hatte es geahnt. Es war von allen Themen das vielleicht deutscheste gewesen – und hat dann auch erwartungsgemäß den Preis erhalten. Die Jury-Mitglieder sind im Grunde von ihren deutschen Vorlieben oder Lieblingsthemen ausgegangen, nicht vom Bedarf der Betroffenen. Natürlich gönne ich dem Fahrradprojekt dieses Geld. Und klar ermöglicht einem ein Fahrrad eine größere Freiheit, und ja, womöglich haben es die geflüchteten Frauen noch mal schwerer. Nichts gegen Fahrräder – ich bin hier in Deutschland ja selber zum Zweirad-Enthusiasten geworden. Aber mal eine Frage: Wo stellen die Frauen dann später eigentlich ihre Fahrräder unter? Im Wohnheim?

Eines der Kriterien für die Projektauswahl war auch die Skalierbarkeit – also dass man die Projektidee leicht größer machen und verbreiten kann. Eine Plattform zur Wohnungssuche lässt sich mit wenigen Mausklicks auf mehrere Städte vergrößern, sie deckt ein absolutes Grundbedürfnis für ALLE Geflüchteten ab, Frauen und Kinder inklusive. Fahrradfahren wird immer nur einen kleinen Teil betreffen, davon noch mal ein sehr viel kleinerer Teil sind die Frauen. Und man kann es nur kopieren, wenn man vor Ort wieder Ehrenamtliche findet, die das durchführen. Ich hätte gerne mal eine Umfrage auf Facebook unter meinen weiblichen syrischen Followern gemacht, ob sie lieber zuerst eine Wohnung oder ein Fahrrad benötigen. In der Jury kam ich mir vor wie der Quotenflüchtling. Gut für die Presse, für mehr aber auch nicht.

So ähnlich ging es mir auch bei einer Plakatkampagne zum

Thema Vielfalt in Berlin, das war kurz danach. Da sollten Migranten mit einem eigenen Spruch abgebildet werden, in dem sie erklären sollten, was sie für typisch deutsch halten. Das sollte natürlich kreativ sein und auch etwas mit der Lebenswelt der Migranten zu tun haben. Ich hatte dafür eine sehr klare Idee, ich wollte auf dem Plakat sagen: »Typisch deutsch ist es, zu anderen zu sagen: Du kannst aber gut Deutsch.« – Das hatte leider keine Chance. Sie haben mir dann etwas zurechtgebastelt: »Typisch deutsch ist: In Freiheit leben, seine Meinung ohne Angst äußern – das kannte ich in Syrien nicht. Hier kenne ich diese Angst nicht. Hier kann ich sein, wer ich bin.« Das ist natürlich auch nicht verkehrt, genauso wenig wie ein Fahrradkurs für geflüchtete Frauen. Nur war es dieselbe Erfahrung: Gerne darfst du dich einbringen. Aber nur mit den Dingen, die wir hören wollen. Das ging mir auch mit vielen Medien so. Das war auch eigentlich der Grund, warum ich dann mit Jan zusammen meine eigene YouTube-Reihe gestartet habe – ich wollte ohne Maulkorb sagen können, was mir auf dem Herzen lag. Und das ging nur dort.

Und so stehe ich weiterhin draußen vor dem Zug, sehe mich selber im Bahnhof von großen Plakaten heruntergrinsen, aber irgendwie bin das nicht so ganz ich, sondern nur so eine Art Wunschvorstellung. Und dann blicke ich weg und sehe zufällig mein Spiegelbild im Fenster des Zuges – und dann denkt der unbedarfte Zuschauer, ich würde schon drin sitzen, da im Zug. Und das ist dann Integration.

3. Syrisches Frühstück und vegetarisches Steak

»Jan, bin ich Deutscher, wenn ich Kartoffeln mag?«

»Andersrum: Du magst Kartoffeln, wenn du Deutscher bist.«

»Und wenn ein Deutscher mal keine Kartoffeln mag?«

»Na ja, in Einzelfällen sind wir tolerant.«

In Deutschland ist es nicht ganz leicht, sich eine Identität aufzubauen. Ich rede jetzt nicht von mir, sondern von denen, die schon immer hier leben. Man ist vielleicht stolz, ein Schwabe zu sein, aber in Wirklichkeit leben im Berliner Prenzlauer Berg mehr Menschen aus dem Schwabenland als in manchem Reutlinger Stadtteil. Und echte Berliner wiederum muss man in der Hauptstadt auch mit der Lupe suchen. Im Grunde sind die Deutschen also auch Migranten – sie ziehen hin und her, ziehen wegen ihren Partnern oder einem neuen Job weg von Freunden und ihrer Familie, nur dass sie dabei innerhalb der Staatsgrenzen bleiben. Vielleicht kommt daher ihre manchmal geradezu spirituelle Einstellung zu verschiedenen Ernährungsweisen, denn ein vegetarisches Restaurant findet man inzwischen in Flensburg genauso wie in Bad Cannstadt – bei echt schwäbischen Schupfnudeln sieht das anders aus. Heimatgefühle durch Futterplan. Ernährung ist ein häufiges Gesprächsthema, jedenfalls viel häufiger, als ich das von irgendwo sonst her kenne, geschweige denn aus meiner Heimat. Deutsche machen sich nur über die Herkunft ihrer Produkte noch mehr Gedanken als über die Herkunft der Zuwanderer. Egal ob Veganer, Vegetarier, Low-Carb-Diätler, kontrolliert-biologisch, regionalproduktorientiert, pestizidfrei, jeder Zehnte kauft im Biomarkt, ethisch korrekte und fair gehandelte Lebensmittel, nichts aus Massentierhaltung, und die Eier bitte von »frei laufenden« Hühnern. Diesen Ausdruck habe ich erst nicht verstanden, das klang so, als hätten die auch Hühner im Gefängnis? Vielleicht weil ein paar von ihnen ohne Gewerbeschein Eier gelegt haben? Aber nein, gemeint waren einfach Hühner, so wie ich sie kenne: mit beiden Beinen fest auf der Erde, und nicht in Legebatterien. Was für mich aber auch wie Gefängnis aussieht. In Syrien gab es so etwas wie Massentierhaltung nur selten. Ein paar Betriebe haben auf solche Weise Fleisch für den Export produziert, aber ich habe gehört, diese Tiere dort konnten der Hitze in Syrien nicht standhalten. Außerdem muss Fleisch bei uns ja *halal* sein, und dazu gehört auch, dass das Tier geschlachtet werden muss, ohne dass es Angst oder Stress ausgesetzt ist. Deswegen war es für den normalen Markt kaum möglich, in Tierfabriken zu produzieren. Bei uns in Syrien sind alle Hühner frei – im Gegensatz zu den Menschen dort.

Vegetarier

Die Menschen hier in Deutschland sind sich in einer Sache wirklich einig: Essen ist enorm wichtig, aber das hat nichts mit Hunger zu tun. Ich habe noch nie so viele Kochshows im Fernsehen gesehen wie hier. Darum möchte ich kurz erzählen, aus welcher kulinarischen Heimat wir Syrer kommen. Das hilft vielleicht mehr zur Völkerverständigung als jeder Integrationskurs. Ich kenne diese vielen kleinen Initiativen zum gemeinsamen Essen und Kochen mit Geflüchteten. Und mein Eindruck ist, dass es ein wunderbarer erster Schritt ist, um Berührungsängste abzubauen. Denn ein gemeinsames Essen ist auch bei uns das Erste, womit Kontakte geknüpft oder Gäste empfangen werden. Beim Essen sind die Menschen in Deutschland unvoreingenommen. Viel unvoreingenommener als in der Politik. Dort wird über Kopftücher gestritten, über Anpassung an Leitkultur oder wo Geflüchtete wohnen dürfen und Muslime beten. Aber beim Essen wenigstens soll jeder nach seiner Fasson satt werden – überall werden vier oder fünf Sorten Milch angeboten, sogar halal Milch, damit auch ja jeder glücklich wird. Das ist schon geradezu schizophren, einerseits stehen Araber oder Muslime unter Generalverdacht, weil das ja so ein gefährlicher Menschenschlag oder so eine gewalttätige Religion ist – aber dann nimmt man enorm viel Rücksicht auf ihre Ernährungsgewohnheiten. Neben politisch korrekter Sprache liebt man hier auch religiös korrekte Essensangebote. Ich selber bin da schmerzfrei, da ich nicht sonderlich religiös bin, aber trotzdem bin ich in Deutschland Vegetarier geworden.

In Syrien wäre das vermutlich nicht passiert. Bei uns gibt es nicht so oft Fleisch, weil es nicht so günstig ist wie hier in Deutschland. Und wenn, dann ist es auch meistens Huhn. Hier dagegen gibt es fast jeden Tag Rind- oder Schweinefleisch, auch zu Hause. Es ist wirklich enorm, welche Mengen da über die Ladentheke gehen.

Ich habe dennoch irgendwann angefangen, auf Fleisch zu verzichten. Und das liegt weniger an irgendwelchen Ideologien, sondern einfach am miesen Nahrungsangebot, wenn man unterwegs ist und es eilig hat. Ich bin inzwischen selbst ein Inlandmigrant geworden, da ich im Schnitt fast zweimal pro Woche in einer anderen Stadt Auftritte habe. Ich habe mir dann unterwegs sehr oft Fast Food gekauft. Aber das Essen beim Imbiss ist nun wirklich ziemlich ungesund. In Syrien gibt es keine solchen Ketten wie *McDonalds*. In Damaskus gibt es ein paar wenige *Kentucky-Fried-Chicken*-Filialen, aber das war es dann auch. Wenn man unterwegs essen will, dann kauft man am Straßenrand sehr gut zubereitete Bohnengerichte wie Fuhl und gegrilltes Hühnchen, Shawarma und Gemüse. In Deutschland dagegen war das einzig vernünftige Fast Food für mich eben das vegetarische Angebot, und weil mir Fleisch essen irgendwann überhaupt nicht mehr gefehlt hat, habe ich entschieden, zu 100 Prozent Vegetarier zu werden.

Als meine Eltern hier ankamen, war das für meine Mutter schwer zu begreifen. Wenn ich sie besucht habe, dann hat sie sich zwar Mühe gegeben, um mich dann extra vegetarisch zu bewirten – ich bekam einen großen Teller Reis vorgesetzt.

»Aber Mama, da im Reis, da ist doch Hackfleisch drin.«

»Ach, Söhnchen, nur ganz wenig, aber das meiste ist Gemüse. Ganz vegetarisch. Hab extra viel davon gemacht.«

So wie meiner Mum geht es hier auch vielen Einheimischen, und deshalb ist eine der ersten Fragen, wann immer sie neue Gäste einladen, was die denn so essen oder nicht essen. Das wäre bei uns Syrern eine sehr komische Frage, aber in Deutschland kann man da gar nicht genug aufpassen. Essen ist hier etwas Heiliges, für viele quasi die Ersatzreligion, und wer will sich da schon in die Nesseln setzen? Es gibt online Dating-Seiten, da schreiben manche Frauen: »Ich rede nur mit dir, wenn du Vegetarier bist!« Nun bin ich das zwar, aber das heißt doch nicht, dass der Rest der fleischfressenden Menschheit Idioten sind? Und ich nicht mit ihnen rede? Wenn Gläubige solche Sätze sagen, dann nennen wir solche Leute Fundamentalisten – aber im aufgeklärten Deutschland?

Ich bin ziemlich froh, dass meine religiöse Jugendzeit hinter mir liegt, mit der Angst vor Schweinefleisch und diesem Halal-Haram-Getue. Damit gibt man doch nur anderen Macht über sich. Dazu kommt noch dieser Missionsgedanke! Ich habe neulich ein Video-Tutorial gesehen, da wird allen Ernstes veganes Hundefutter als das einzig Wahre angepriesen. Also ich weiß nicht, was Ihr darüber denkt, aber auf mich wirkt das einfach nur völlig an der Realität vorbei – Hunde sind Fleischesser, die sind so geboren. Meine Hundedame Zucchini heißt zwar wie Gemüse, aber sie futtert keines, eigentlich futtert sie ALLES – sogar mein Handykabel. Leider hat sie vor Kurzem einmal versehentlich Döner probiert, seitdem steht sie drauf. Hoffentlich kann ich ihr das wieder abgewöhnen.

Es gibt so ein tolles Sprichwort hier in Deutschland: Man soll die Moschee im Dorf lassen. Oder so ähnlich. Das kann ich unterschreiben.

Und dann gibt es noch etwas, und das wundert mich jetzt gar nicht: Wie bei jeder Religion auch, finden dann sogar strenge Vegetarier oder Veganer Wege, es sich doch irgendwie bequem zu machen. Damit meine ich so Dinge wie vegetarische Hamburger, veganer Käse, Thuna ohne Fisch, Tofu-Steak. Ich weiß nicht, irgendwie bekommt man so was vermutlich nur in Deutschland. Ganz ehrlich, wenn ich Lust auf Burger habe, dann esse ich eben einen. Aber sie machen Tofu rein. Ich hab das mal probiert – man kaut irgendwie auf nichts –, dieses Tofu ist für mich einfach nur Luft. Dann machen sie künstliche Geschmacksstoffe und sehr viel Salz hinein, damit es dann doch irgendwie nach Fleisch oder Fisch schmeckt. Ist das nicht auch ein bisschen inkonsequent? Man will verzichten, aber eben doch nicht. Ich mag lieber ehrliches Essen als Fleisch, das nur so tut als ob.

Das Salz in der Suppe

Es ist also schwer für Syrer, das Prinzip der deutschen Ernährungsformen zu verstehen. Das liegt auch daran, dass bei uns ein gutes Essen vor allem durch die Menge definiert ist, nicht so sehr durch den Inhalt. Es schmeckt sowieso immer gut, sage ich mal mit ganz viel Bescheidenheit. Aber viel ist bei uns gut. Und noch mehr ist besser. Wir essen gerne mit vielen Platten und vielen verschiedenen Gerichten. Also je mehr Gemüse, umso vegetarischer, so die Logik meiner Mutter. Ich bin Vegetarier, aber bei meiner Mutter dann halt ausnahmsweise nicht so ganz.

Was gibt es noch über die Unterschiede zwischen den beiden Esskulturen zu erzählen? Außer dass wir nur schwer das Konzept deutscher Trennkost verstehen können? Fangen wir mit dem Frühstück an:

»Jan, ich habe eben zwei Brötchen mit Marmelade und Kaffee zum Frühstück gehabt – bin ich jetzt deutsch?«

»Klingt verheißungsvoll ...«

»Aber ich bin immer noch hungrig!«

»Nee – dann nicht.«

In Syrien gibt es ein Sprichwort zum Essen: »Morgens wie ein König, mittags wie ein Minister und abends wie ein Bettelmann.« Also genau umgekehrt zu den Gepflogenheiten hier in Deutschland. Wann immer ich in einem Hotel oder in einer Pension übernachte, fällt es mir schwer, dort ein vernünftiges Frühstück zusammenzubekommen. Da gibt es nur so Ziegenfutter, nennt sich Müsli – oder in den vornehmeren Hotels auch »Cerealien«, und dann das beliebteste Lebensmittel überhaupt: dunkles Brot oder Brötchen – mit Aufstrich. Vielleicht noch ein Ei. Und Kaffee. Das ist doch kein Frühstück! Ich verstehe inzwischen, warum so viele hier morgens in der Straßenbahn aussehen wie Zombies. Wenn ich Glück habe, gibt es ein bisschen gekochtes Gemüse, wässrig und ohne Geschmack, dazu schäle ich mir ein Ei und träume vom Frühstück daheim. In Syrien gäbe es stattdessen Falafel, Fatteh, Fuhl und dazu Hummus, alles warm und in ausreichender Menge. Wer die arabische Küche schon kennt, wird feststellen, dass alle diese Gerichte irgendwie immer aus Bohnen und Kichererbsen bestehen, mal frittiert, wie bei Falafel, mal scharf mit Tomatensoße, mal die ganze Nacht gegart mit Saubohnen und Knoblauch wie bei Fuhl, und dann wieder als kleiner Auflauf mit geröstetem Brot als unterste Schicht, Joghurt und Öl wie bei Fatteh. Na ja, und »Hummus« bedeutet arabisch »Kichererbse«. Kichererbsen sind unsere Kartoffeln.

Das schmeckt alles so vielfältig und so lecker, da kann der Tag nur gut werden. Öl ist natürlich auch ordentlich mit drin, das gibt eben auch richtig Energie. Da braucht man nicht mal mehr Kaffee. Meistens trinken wir trotzdem einen am Morgen, genau wie viele Deutsche, nur dass es bei uns ein arabischer ist, und der ist megastark und dickflüssig – fast schon Kaffee-Sirup. Und der geht so:

In einer Karaffe kocht man Wasser und fügt dabei schon Zucker hinzu, bis alles aufgelöst ist. Das Wasser muss richtig heiß sein. Dann kommt eine spezielle Kaffeemischung dazu, mit Gewürz, meistens Kardamon, manchmal aber auch Safran oder Rosenwasser. Pro (kleiner) Tasse ein Teelöffel. Dann kocht man das auf und muss dabei ziemlich gut aufpassen, dass es nicht überkocht, weil die Mischung wirklich sehr schnell aufschäumt. Dann fix vom Feuer oder von der Platte nehmen. Das gießt man dann in die Tasse und wartet, bis sich der Kaffeesatz am Boden abgesetzt hat – dann ist er auch nicht mehr so brühend heiß. Und schließlich vorsichtig von oben trinken – und genießen. Ich kann euch sagen, das schmeckt völlig anders als westlicher Kaffee und ist unbedingt mal einen Versuch wert. Für viele Araber schmeckt Kaffee in Deutschland so wie für die Deutschen der Kaffee in Amerika: wie gefärbtes Wasser. Oder Sockensaft, frisch gepresst.

Noch ein paar Worte zu Getränken: Abgesehen von Kaffee servieren wir eigentlich immer Tee bei einem Essen und auch sonst überall. Wenn ich in Deutschland zu einem Geschäftsessen komme, wird mir überall und immer Kaffee angeboten, alternativ Wasser. Bei uns übernimmt diese Rolle der Tee. Wo immer du bist und warten musst, gibt es Tee, ganz besonders für Gäste, und Gäste haben wir eigentlich immer irgendwelche. Ansonsten sind die Erfrischungsgetränke bei uns sehr ähnlich: Fanta, Cola und was es sonst noch so gibt. Nur Obstsäfte kennen wir eigentlich nicht. Die sind für unseren Geschmack einfach zu sauer.

Da zeigt sich der zweite große Unterschied zwischen unseren Esskulturen. Es kann für mich und die Menschen aus meiner Heimat gar nicht süß genug sein. In Deutschland ist die häufigste Süßigkeit ja der Kuchen. Ja, auch da gibt es verschiedene, aber allgemein ist Kuchen lange nicht so süß wie die Süßigkeiten bei uns. Bei uns gibt es Unmengen verschiedener Süßigkeiten, nicht nur Bakhlava, was man noch am ehesten kennt. Und eine ist süßer als die andere. Wenn ihr mal eine echte syrische Leckerei probieren wollt: Mein Lieblingsgebäck ist Qatayef. Das ist eine Art Mini-Pfannkuchen gefüllt mit Creme, Nüssen oder allen möglichen Leckereien.

Bei Süßigkeiten hierzulande wundere ich mich manchmal, dass sie gar nicht wirklich süß sind – für Kuchen und Gebäck wird oft auch viel Obst verwendet, das mir persönlich viel zu sauer ist. Himbeeren, Orangen, Zitronen. Das ist wie bei Obstsaft, die sind doch eigentlich hauptsächlich sauer, oder? Jedenfalls für meinen mittelöstlichen Geschmack. Und noch was ist mir aufgefallen: Kuchen kommt oft als Ganzes auf den Tisch – wie so ein Wagenrad – oder als dickes Dreieck auf den Teller. Man muss ihn dann noch klein schneiden. Man braucht sowieso eigentlich für alles hier ein Messer, um es mundgerecht klein zu schneiden. Das übernehmen in vielen Ländern und auch in der arabischen Welt gleich die Köche. Vielleicht traut man sich bei uns auch nicht, den Gästen am Esstisch ein Messer in die Hand zu drücken, denn wer weiß ... wenn die in Streit geraten ... diese heißblütigen Araber. Kleiner Scherz. Essen wird dort einfach traditionell schon vor dem Servieren klein gemacht. Und unsere Gebäckteilchen und Süßigkeiten sind meistens ebenfalls portioniert für einen einzigen Happen.

Hier muss man eben alles als Do-it-yourself anbieten, vielleicht sind die Deutschen einfach durch und durch Handwerker und wollen alles selber zu Ende bauen: Ikea-Möbel, Fleisch, Kuchen. Andererseits kaufen sie auch viele Speisen schon halb fertiggestellt, zum Beispiel Tiefkühlspinat, der ist schon klein geschnitten und vorgegart, Pizza nur noch zum Aufbacken, Bohnen klein geschnitten, Mandarinen geschält in der Dose. Kurios! Bei uns in Damaskus gab es einen sogenannten »Souq für Faule«, also einen Markt, auf dem man alles schon klein geschnippelt bekam – der Knoblauch geschält und in Würfeln und solche Dinge. Das war aber die allerteuerste Form einzukaufen, deshalb gingen da nur Wohlhabende hin, die ein bisschen angeben wollten. Hier sind dagegen die abgepackten Lebensmittel die günstigsten. Das musste ich erst einmal begreifen, aber nach wie vor koche ich am liebsten mit frischen Produkten von Anfang an. Und esse dann bis ganz zum Ende.

Wir haben uns mit dem ausgiebigen Frühstück also gestärkt – lasst uns zum Mittagessen kommen. Auch das ist ganz anders als in Deutschland: Da gibt es verschiedene Platten mit dampfendem Reis, Falafel, Shawarma, Gemüsetellern und kleine Schälchen mit verschiedenen Soßen und Cremes, ganz besonders natürlich Hummus. Die Auswahl ist hier meistens noch reichhaltiger als beim Frühstück, aber nicht unbedingt mehr. Jeder nimmt sich, was er mag, und stellt sozusagen seinen Teller selbst zusammen. Do it yourself auf Syrisch!

Im Restaurant ist das auch häufig so, anders als hier in

Deutschland, wo jeder sein Gericht fertig auf einem Teller gebracht bekommt, komplett mit allen Beilagen, und den Salat auf einem extra Tellerchen direkt dazu. Nur wenn man sich einigermaßen gut kennt, kann man mal ganz vorsichtig fragen, ob man »mal probieren dürfe«. Aber das ist eher die Ausnahme. Bei uns ist das Essen dagegen wie ein Gemeinschaftserlebnis. Jeder nimmt vom gemeinsamen Angebot am Tisch auf seinen leeren Teller. Und dann fängt man vorne an seinem Teller an und arbeitet sich langsam nach hinten vor. Der Grund dafür ist, dass auf diese Weise der hintere Teil noch unberührt bleibt und man den Teller so ohne Bedenken an jemand anderen weitergeben kann, sollte man schon satt sein. Es ist wirklich ein gutes Bild für die Unterschiede in den Esskulturen. Wir essen wohl einfach mehr miteinander und nicht so individualisiert.

Ich koche heute für Deutsche, wie sie es gewohnt sind: Jeder bekommt eine Portion Nudeln auf seinen Teller. Für arabische Gäste halt dann arabisch: viele verschiedene Speisen. Und wenn sie gemischt kommen, bleibe ich bei der arabischen Gemeinschaftskultur, es gibt dann eben auch viele Platten. Aber das stört die Deutschen nicht – das Essen schmeckt ihnen so gut, dass sie die Esskultur problemlos annehmen.

Was mir auch aufgefallen ist, sind die vielen fremdländischen Speisen hier in Deutschland, sogar im alltäglichen Speiseplan. Da gibt es Döner, Asia-Nudeln, italienische Pasta und Pizza, griechische Platten, japanisches Sushi, spanische Tapas, mexikanische Fladen – es gibt aus fast jedem

Land der Erde ein Restaurant. Selbst wenn ich eine Lesung in einer Kleinstadt gebe, fragen meine Gastgeber hinterher oft nur: »Gehen wir zum Italiener oder zum Chinesen?« Es gibt sie an jeder Ecke.

Man bekommt auch in den Supermärkten alle Zutaten, um zu Hause im heimischen Wok nach traditionell koreanischem Rezept zu kochen. Ich denke, all das Gerede von der Leitkultur in den letzten Jahren hat jedenfalls vor der deutschen Küche eindeutig Halt gemacht, die ist nämlich schon völlig überfremdet. Oder zeigt, dass dieser angebliche Kulturpatriotismus von der breiten Masse vielleicht doch nicht ganz so ernst genommen wird. Man isst und kocht in Deutschland einfach gerne ganz undeutsch. Oder ist diese Vielfalt vielleicht dann doch auch eine deutsche Eigenart? Kann man mal drüber spekulieren. Vielleicht liegt es auch daran, dass Deutsche Weltmeister im Reisen sind, und dann können sie auf diese Weise noch ein bisschen Urlaub mit nach Hause nehmen.

Aber ich habe eine andere Theorie, und die habe ich bei den vielen Gelegenheiten entwickelt, in denen ich für Freunde gekocht habe. Ich konnte da auf den Tisch bringen, was immer ich wollte, jedes Mal riefen meine deutschen Gäste begeistert aus:

»Boah, Firas, ist das lecker!«, oder

»Wie machst du das bloß? Das schmeckt super!«

Dabei bin ich nicht gerade ein Fünf-Sterne-Koch, ich halte mich an ganz normale Gerichte, wie ich sie kenne, und würze eben so, wie es mir selber schmeckt. Aber ich denke, da liegt der Hase im Kardamon, denn wenn ich typisch deutsche Küche erlebe, dann muss ich leider sagen: Die schmeckt einfach nach gar nichts. Oder doch, nach Salz und ein bisschen Pfeffer. Die Saucen? Salzig und ansonsten kaum voneinander zu unterscheiden. Fleisch? Salz drauf und ab in die Pfanne. Gemüse? Schonend gegart, damit es auch ja nach gar nichts schmeckt. Dann Salz dazu. Und die Süßspeisen? Vor allem gezuckert, aber eben ohne viel Finesse – ein bisschen Vanille noch, dann ist es aber auch gut. Ach ja, und möglichst saures Obst dazu, das man mit Zucker neutralisieren muss. Ich vermute, diese Kochkultur steckt hinter dem Siegeszug fremdländischer Speisen im sonst so fremdelnden Deutschland: Es schmeckt einfach besser. Raffinierter. Es gibt auf der Zunge mehr zu entdecken. Das ist natürlich nur meine ganz bescheidene Meinung, ohne jeden Anspruch auf Allgemeingültigkeit. Aber fragt euch mal selber beim nächsten Döner oder der nächsten Falafel: Wenn ihr die so lecker findet, vielleicht gebt ihr dann auch dem Ali, Firas und der Suleika eine Chance? Die sind auch nicht übel, und es gibt viel zu entdecken.

Futterstreit

An der Stelle lasst mich noch ein paar politische Statements einstreuen wie das Salz in die deutsche Suppe, denn ich weiß natürlich, dass es auch beim Essen Diskriminierung gibt, Döner hin oder her. Zum Beispiel gilt aus deutscher

Perspektive die französische Küche als hervorragend, die englische hingegen als ziemlich ungenießbar. Ich habe hier so viele Witze über die schlimmen Essgewohnheiten der Briten gehört, dass ich ein ganz mulmiges Gefühl hatte, als ich mich auf den Weg zu einem Youtube-Kongress nach London gemacht habe. Ich wollte schon fast einen Notfallkoffer mit etwas Emergency-Falafel einpacken. Und was ist passiert? Der Dresden-Effekt, mal wieder: Es gab dort am Morgen im Hotel das allerbeste Frühstück, das ich je in einer europäischen Unterkunft genossen habe. Und dann erst der Geschmack: Die *Saussages*, diese kleinen Würste, waren wirklich zum Reinbeißen, ich war da zwar schon Vegetarier – aber ich halte mich nicht sklavisch daran, denn dieses Frühstück musste ich einfach probieren: Es gab gebratenen Schinken und heiße Bohnen – da lachte das Araberherz in mir vor Freude – dazu Spiegeleier und geschmorte Champignons und schließlich auch noch gegrillte Tomaten. Und alles in einer so großen Menge, dass ich endlich mal satt in den Tag starten konnte. Leute, ich liebe ja Berlin, aber wenn ich zum Frühstücken jeden Morgen nach London könnte, das wäre fantastisch.

Jedenfalls mein Statement mal wieder: Trau keinem Gericht ... äh Gerücht, und geh lieber selber hin, dann kannst du mitreden. Egal ob London oder Dresden!

Der Fairness halber will ich noch erwähnen, wie der Futterstreit in meiner eigenen Heimat aussieht – auch dort gibt es nämlich kulinarische Auseinandersetzungen. Weil wir durch die gesamte Levante bis nach Marokko doch sehr ähnliche Speisen haben (man bekommt überall Falafel oder Tabouleh), streiten wir eher darum, wer was erfunden hat. Israel zum Beispiel beansprucht die Erfindung des Falafel für sich – die Syrer aber genauso. Mit der Türkei haben wir zum Beispiel den Shawarma-Döner-Streit, beides ist ja sehr ähnlich, aber was ist älter? Und vor allem: Welches schmeckt besser? Ich rede hier nicht vom Döner-Kebab, den reklamiert ja Berlin für sich, da angeblich 1978 ein Gastarbeiter sein Dönerfleisch an der Imbissbude irgendwo am Straßenrand in ein Fladenbrot gestopft hat und alles Gemüse noch dazu – tadaaaa, fertig war der neue deutsche Wundersnack to go. Keine Ahnung, ob das stimmt, aber typisch für Berlin wäre es. Jedenfalls ist in meiner Heimat diese Auseinandersetzung so künstlich, wie alles, was letztendlich durch die jeweiligen Kolonialmächte oder Besatzer verursacht wurde. Vor deren Eintreffen gab es viele der heutigen Länder so nicht, Syrien, Libanon, Jordanien, Palästina und dort auch Israel, all das war einmal Bilad-Al-Scham (Land im Norden), ein Gesamtkonstrukt nördlich von Saudi-Arabien bis hoch zur südlichen Türkei. Dort gab es im Mittelalter überall auch ziemlich ähnliches Essen. Die Türken haben Syrien dann 400 Jahre lang, bis zum Ersten Weltkrieg, besetzt – und ab da wurde natürlich auch die Esskultur vermischt. Darum dürften Döner und Shawarma eigentlich Cousins sein. Nach dem Ersten Weltkrieg haben die Franzosen und Engländer die neuen Grenzen gezogen und gleich auch die Machthaber vor Ort in ihre Ämter gehievt. Herzlichen Dank, jetzt haben wir tolle Diktaturen wie in Syrien, Völker ohne Staat, wie die

Kurden, und dann streiten wir auch noch um unser eigenes Essen.

Tut mir leid, dass ich beim Essen über Politik geredet habe – das unterscheidet uns nämlich auch: In Syrien wird beim Essen nämlich sowieso wenig geredet, und wenn, dann sicher nicht über Politik. Allein schon deshalb, weil es in einer Diktatur, in der die Wände Ohren haben, sehr riskant ist. Darum gehen so viele Syrer auch gerne nach draußen zum Grillen – das ist eindeutig ungefährlicher. Am liebsten im Park, wo man sich unter die vielen anderen grillenden Familien mischen konnte. In Deutschland ist das ja nicht überall erlaubt und führt immer wieder zu Irritationen, denn bei uns sind Parks mehr oder weniger genau dafür da. Ich habe so viele herrliche Kindheitserinnerungen an diese langen Grillabende in Homs. Auf den Grill kommt bei uns statt Bratwurst und Steak eben Döner, also gewürztes Lammfleisch, oder auch Köfte – das ist dasselbe, nur als gewürzte Hackfleischbällchen. Dann natürlich auch Fisch, und häufig gibt es noch Melonen, die wir ins Wasser legen, um sie kühl zu halten. Grillen ist aber bei uns nicht nur Freizeit, sondern auch Freiheit, denn es bedeutet eben auch, ungezwungen sprechen zu können. Viele Leute aus dem Osten Deutschlands konnten das gut nachvollziehen, wenn ich das erzählt habe, für sie war das einer der Gründe, warum sie besonders gerne raus ins Grüne zu ihrer Datscha gefahren sind. Da hatte die Stasi nämlich meistens nicht so viele Mikrofone platziert. Viele syrische Studenten, die ich kannte, haben sich für ihre Meetings zum Grillen verabredet. Subversive Brutzelei, sozusagen.

Manchmal geht es beim Essen also um Leben und Tod. Das meine ich ganz wörtlich, denn bei uns werden auch Geburt und Beerdigung mithilfe von Essensbräuchen versüßt oder mit Trost versehen. Ich habe bisher in Deutschland so gut wie keine wirkliche kulinarische Tradition dazu finden können, man feiert zwar, trifft sich und isst etwas, aber es gibt anders als bei uns keine genau festgelegten Speisen für den jeweiligen Anlass. Hier in Berlin und im Norden Deutschlands gibt es bei einer Geburt manchmal eine sogenannte »Pullerparty«, weiter im Süden ist das dann auch unter dem Namen »Pullerschnaps« bekannt und damit ist dann auch klar, worum es dabei geht.

Man nutzt hierzulande sowieso so ziemlich jede Gelegenheit, um sich was hinter die Binde zu kippen – egal ob ein Bierchen zum Nachwuchs, den Sekt zum Neujahr, ein Toast mit Prost bei der Hochzeit, ja sogar im christlichen Gottesdienst gibt es noch ein Weinchen. In den arabischen Ländern wird so etwas stattdessen mit bestimmtem Essen begangen. Zur Geburt zum Beispiel gibt es in Syrien eine spezielle Süßspeise namens Karaujah, und liebe Freunde: Alleine dafür lohnt es sich schon, auf die Welt zu kommen. Auch wenn die Kleinen selbst davon nichts abbekommen, bin ich dafür sofort zur Stelle. *Karaujah* ist eine Art Pudding aus Reispuder, Zimt und Zucker, und obendrauf kommen als Deko so leckere Zutaten wie Kokosnuss, Rosinen, Walnüsse und Pistazien. Und ich spreche von syrischen Pistazien aus Aleppo, die sind berühmt für ihren intensiven Geschmack – immerhin war mein Land vor dem Krieg einmal viertgrößter Pistazien-Produzent der Welt. Die Geburtstagstradition findet übrigens nicht unbedingt an dem Tag statt, der bei uns im Pass eingetragen ist. Das hat damit zu tun, dass die Familien nicht sofort zur Behörde gehen, wenn sie Nachwuchs bekommen haben, sie können dort dann ein anderes Datum angeben, auch noch eines Monate später. Das hat dazu geführt, dass sehr viele Menschen bei uns ihren offiziellen Geburtstag im Januar haben, obwohl sie in Wahrheit irgendwann im Herbst zur Welt gekommen sind – auf diese Weise ist man offiziell ein Jahr später geboren. Mein Vater hat das bei meinem kleineren Bruder so gemacht, sieben Monate nach seiner Geburt. Sein Argument: Dann ist er beim Sport und in der Schule noch bei den Jüngeren, obwohl er schon reifer ist, und hat so einen kleinen Wettbewerbsvorteil. Diese Praxis hat bei den Ausländerbehörden und Landesämtern für Flüchtlinge in Deutschland zu einigen Problemen und Verwirrung geführt, denn dort war es nämlich schön ordnungsgemäß nach Geburtsmonaten organisiert – und so waren die Mitarbeiter für Januar völlig überlastet, während die Dezember-Beamten es etwas ruhiger hatten. Zugegeben, die syrische Bürokratie ist einfach nicht auf dem Level der Deutschen. Von den beiden Geburtstagen feiern wir natürlich trotzdem nur einen, und zwar den echten.

Was ich sehr merkwürdig fand, als ich in Deutschland zum ersten Mal zu einem Geburtstagsfest eingeladen war:

Hier werden die Geburtstagskerzen ausgeblasen, das hat für mich etwas Morbides – immerhin ist »das Licht ausblasen« auch ein Ausdruck fürs Sterben.

Genau wie bei der Geburt habe ich für Beerdigungen außer einem gemeinsamen Essen mit dem sehr skurrilen Namen »Leichenschmaus« hier in Deutschland keine typischen Speisen finden können – außer vielleicht dem allgegenwärtigen Kuchen. Auch für das Ende des Lebens haben wir Syrer sehr feste Traditionen, und dazu gehört zuallererst einmal der stärkste mögliche Kaffee, pechschwarz und dick. Der kommt in einer Karaffe, die dann mit heißem Wasser verdünnt wird, sodass ein solcher Aufguss dann für fast hundert Leute reicht. Und diesmal kommt auch überhaupt kein Zucker hinein, denn Abschiednehmen ist nun mal bitter – genau wie dieser Kaffee. Dazu wird dann meistens *Ousi* gereicht, eine Mahlzeit aus Hefeteig, die zu einem Kloß geformt ist und mit Hackfleisch, Cashew, Mandeln, Erbsen und Karotten gefüllt wird. Das alles passiert jedoch nicht am Tag der Beerdigung, bei der sich wie in Deutschland alle Bekannten und Verwandten versammeln, sondern erst 40 Tage später beim Familientreffen zur Verabschiedung der Seele des Verstorbenen. Denn so lange bleibt die Seele noch auf Erden und in der Nähe, bevor sie dann in die jenseitige Welt überwechselt. Das ist im ganzen Orient und in der islamischen Welt eine uralte Tradition und war schon im alten Ägypten so. Wer sich schon immer gefragt hat, warum in den Kirchen Christi Himmelfahrt 40 Tage nach Ostern stattfindet, also warum Jesus genau 40 Tage nach seinem Tod die Erde verlässt und in den Himmel aufsteigt – das ist der Grund: Diese Vorstellung war in Palästina zu seinen Lebzeiten schon genauso üblich wie auch heute noch.

Die einzige hiesige Essenstradition, die ich bisher finden konnte, ist der traditionelle Christstollen zu Weihnachten, und der ist – natürlich – ein Kuchen, wir sind ja in Deutschland. Man kann die Bedeutung von Weihnachten vielleicht vergleichen mit unserem Zuckerfest am Ende des Ramadan, bei dem wir wiederum keine speziellen Süßspeisen haben, nur viele müssen es sein.

Ich finde schön, dass in Deutschland so eine reichhaltige Auswahl an Gaumenfreuden vorzufinden ist. Was immer sich international importieren lässt, findet auch seinen Weg auf Deutschlands Essenstafeln. Mir gefällt ebenfalls gut, dass so unterschiedliche Esskulturen problemlos nebeneinander gepflegt werden, auch wenn ich über fünf Sorten Milch zum Kaffee manchmal grinsen muss. Aber im Grunde finde ich das viel besser als eine Beschränkung auf immer das Gleiche. Es wäre ja furchtbar, wenn es hier nur Sauerkraut gäbe und nicht auch Sushi. Das Essen hier ist genauso multikulti wie die Gesellschaft, und ich habe noch niemanden gefunden, der das nicht als Bereicherung empfunden hätte. Das gibt doch zu denken, oder? Ein Letztes noch: Bei uns fragt man nach dem Essen niemals, ob es geschmeckt hat. Und wisst ihr, warum? Weil wir das eh schon wissen.

4. Kultur & Liebe

Fast jedes Mal, wenn ich über das Thema Beziehungen, Mann und Frau, Hochzeit und so weiter spreche, geht es um die vier Frauen, die man in meiner Heimat offiziell heiraten dürfte. Okay, also um es gleich zu Beginn zu klären, um dann zu den wirklich wichtigen Themen zu kommen: Man kann auch in Deutschland vier Maserati besitzen. Das ist nicht verboten. Aber wie viele haben das? Genau: Fast niemand. Denn das wäre einfach viel zu teuer. Und so ungefähr ist das auch mit den vier Frauen. Beides, die vier Autos und die vier Frauen, ist so außergewöhnlich, dass es im Fernsehen sogar immer wieder Reportagen darüber gibt. Wir alle wissen: Medien beschäftigen sich oft nicht mit dem Alltäglichen, sondern mit den absolut krassen Sonderfällen, weil die eben viel interessanter sind. Alltag haben wir doch alle selber mehr als genug. Bei uns in Syrien gibt es im Fernsehen immer wieder Sketche über solche Mehrfrauen-Haushalte, weil das natürlich Stoff für witzige Eifersuchtsszenen liefert. Und dann denken die Leute – huiii, das ist typisch. Nein, ist es wirklich nicht. Es ist eine Randerscheinung, fast alle Menschen in der arabischen Welt haben wie die Deutschen einen einzigen Partner – oder keinen, wenn die Eltern mit der Wahl nicht einverstanden sind. In manchen muslimisch geprägten Staaten ist es sogar gesetzlich verboten, mehrere Frauen zu heiraten, wie etwa in Tunesien. In Syrien sind wie gesagt vier Frauen erlaubt, aber es bleibt trotzdem sehr, sehr ungewöhnlich – glaubt ihr, dass sich hier viel ändern würde, wenn man das in Deutschland erlauben würde?

Sprechen wir doch lieber über das, was ALLE betrifft, also den Kern der Sache: Liebe ... und Sex!

Araber, Schwaben und die Frauen

Ich wage jetzt mal die Behauptung aufzustellen, dass nicht nur das Essen bei uns Arabern kräftiger gewürzt ist – sondern auch die Liebe. Eine deutsche Bekannte hat mir nach einer Beziehung mit einem Syrer folgenden Satz gesagt:

»Ich glaube, ich kann keinen deutschen Freund mehr haben.«

»Warum nicht?«

»Die sind einfach nicht mehr romantisch genug.«

So etwas habe ich schon häufiger von Frauen gehört, die einmal mit einem Araber zusammen waren, und ich muss sagen: Ich verstehe das durchaus. In den Medien hierzulande wird leider sehr oft das Klischee vom sexbesessenen Araber gezeichnet oder stillschweigend unterstellt, er würde gern wie ein Halbaffe über jedes deutsche Weibchen herfallen. Das ist Quatsch.

Mein Eindruck ist eher, dass wir Araber einfach ein Faible für hingebungsvolle Beziehungen und das Spiel der Liebe haben. Das liegt daran, dass unsere Kultur sowieso viel gefühlsbetonter ist, und das auch, was die Männlichkeit betrifft. Für Männer in arabischen Ländern ist es überhaupt nicht unangemessen, ihre Emotionen deutlich zu zeigen, egal ob sie sich nur über das Wetter unterhalten oder eben ihrer Freundin ein Kompliment machen. Eines? Ach Unsinn, Tausende, wir lieben es, unsere Partner mit Komplimenten zu überschütten: »Mein Mondlicht, ich brauche dich wie der Stift das Papier, um darauf die Lieder meiner Liebe zu dichten. Und jede Blume ist hässlich, wenn ich sie neben dein Gesicht halte.«

Vergleichen wir das mal mit einem klassischen Antrag aus dem Schwarzwald:

»Des isch mei Häusle, des isch mei Mudda, un freitags gibts Spätzle. Überlegsch dirs hald.«

Männer dürfen bei uns auch öffentlich weinen, ohne gleich als Weichei abgestempelt zu werden. Emotionen zu zeigen ist bei uns kein Problem, sondern es wird im Gegenteil ernst genommen. Auf einem Markt in Homs können zwei Männer, wenn sie Freunde sind, auch Hand in Hand ein Stück auf der Straße gehen, das hat gar nichts Anrüchiges, sie umarmen sich mit großem Halli und Hallo.

Ganz anders sieht es aber aus, wenn es darum geht, die Liebe öffentlich und körperlich zu zeigen. Ein Mann kann zwar händchenhaltend mit dem guten Freund über den Markt laufen, aber nicht so einfach mit seiner Freundin oder dem Ehepartner. Das war zwar an manchen Orten möglich, dann aber nur in den liberaleren Kreisen, zum Beispiel in Damaskus. In der Regel bleiben aber alle Zärtlichkeiten, die über Freundschaft hinausgehen, privat. Was vor der Ehe geschieht, läuft sogar noch völlig im Geheimen und unter dem elterlichen Radar ab. In Deutschland ist es dagegen die natürlichste Sache der Welt, wenn sich Pärchen nach Lust und Laune öffentlich zeigen, küssen und sich kein einziges Mal umdrehen müssen, um zu schauen, ob vielleicht gerade einer ihrer Verwandten zufällig in der Nähe ist.

Ich wurde mal gefragt, warum so viele Geflüchtete ihre Jalousien auch am Tag unten haben. Der Grund ist einmal der, dass die Frauen daheim einfach gerne ihr Kopftuch abnehmen, aber Sorge haben, dass sie von außen gesehen werden könnten. Dazu kommt, dass man mit seinem Partner nur so auch etwas zärtlicher umgehen kann. Wir küssen uns einfach nicht in der Öffentlichkeit.

Viele junge Araber, die nun hier in Deutschland leben, gewöhnen sich zwar durchaus an die Ungezwungenheit hierzulande, aber jemand, der vierzig Jahre lang so gelebt hat, legt diese Einstellung so schnell nicht mehr ab. Jede Kultur hat ihre ganz eigene Schamgrenze, und bei Arabern zeigt sie sich eben sehr stark in der Trennung von öffentlich und privat. Es kann für Deutsche also durchaus so wirken, als wären Araber verklemmt, nur weil sie sich in der Öffentlichkeit nicht berühren – ich versichere euch, das hat nichts mit Verklemmtheit zu tun. Was aber öffentlich zurückgehalten wird, findet dafür umso mehr im Privaten statt.

Doch wie ist es nun, wenn es andersherum läuft? Denn natürlich gibt es auch arabische Frauen, die eine Beziehung mit einem Deutschen eingehen. Immer wieder haben mich deutsche Männer schon gefragt, was sie da denn so zu erwarten hätten. Diese Frage wurde meist nicht öffentlich auf Lesungen, sondern nach dem dritten Bier in irgendeinem Club gestellt.

Nun bin ich sicher nicht der große Liebescoach und habe die meisten Erfahrungen mit Frauen bisher nur in Syrien sammeln können, doch ich glaube, der größte Unterschied ist, dass eine syrische Frau schlicht und ergreifend ziemlich teuer ist. Jetzt nicht falsch verstehen: Wir reden hier nicht von der käuflichen Liebe. Aber bei uns läuft es bei einer Liebelei immer so ab: Der Mann zahlt ALLES. Und er muss richtig viele Geschenke machen. In meiner Jugend habe ich Unmengen an Geld ausgegeben, nur für Kuscheltiere, Parfüm, Schmuck, Leckereien und was weiß ich noch alles und habe mich stundenlang auf Märkten und in Geschäften herumgetrieben, um wieder eine neue außergewöhnliche Aufmerksamkeit zu ergattern. Alles war möglich, bis auf eine Sache: Blumen! Warum keine Blumen? Na, weil man die sieht, denn die passen ja nicht in die Handtasche. Und ihre Eltern oder die Familie dürfen doch nichts mitbekommen, schon vergessen? Aus demselben Grund gibt es bei uns auch nur zwei Orte, wohin man zu einem Date gehen kann, denn anders als in Deutschland kann man sich eben nicht einfach mal bei ihm oder ihr zu Hause treffen. Da bleiben dann nicht mehr allzu viele Möglichkeiten: entweder ein Restaurant, aber auch das ist noch immer ziemlich öffentlich und kostet auch ganz schön viel, oder aber ein sogenanntes Dunkelcafé, dessen einzige Daseinsberechtigung genau diese Funktion ist: ein lauschiger, uneinsehbarer Treffpunkt für alle, die unbedingt auf Zuschauer verzichten wollen. Dort gibt es kleine abgegrenzte Ecken, alles ist ziemlich verwinkelt und so schummrig, dass man einfach nicht erkannt wird. Dorthin gehen wir in meiner Heimat, wenn wir uns etwas näherkommen wollen. Alle halbe Stunde kommt ein Kellner vorbei und du musst etwas zu trinken bestellen. Am Ende bekommst du vielleicht sogar einen Kuss. Und der Mann bezahlt natürlich! Also wie gesagt, eine teure Angelegenheit, aber das ist es auch wert. Ich kann nur sagen, dass meine Erfahrungen hier in Deutschland wirklich völlig anders sind: einmal zahlt sie, einmal zahle ich, beim dritten Mal wird geteilt und dann hat man Sex.

Und damit sind wir beim Thema, auf das bestimmt alle gewartet haben. Hoffentlich seid ihr nicht enttäuscht, denn es ist ganz simpel: Sex ist eben Sex – entgegen mancher böswilliger Karikaturen ist das bei so ziemlich allen Menschen gleich.

Ich erinnere mich gut an einen TV-Beitrag, der in der *Deutschen Welle Arabisch* lief, da wurde ein syrisches Paar interviewt. Sie waren gezwungen gewesen, allen Schmuck der Frau zu verkaufen, um die Flucht nach Deutschland für sie beide zu finanzieren. Dann hat der Mann hier in Deutschland alles getan, um ein bisschen Geld zu verdienen, und ihr wieder einen kleinen Ring gekauft. Ging richtig ans Herz, die Geschichte. Und zum Dank hat sie ihm dann nur ein Bussi gegeben, während des Interviews und vor laufender Kamera, weil sie das immer noch so sehr berührt. Und das kam dann im Fernsehen. In den Kommentaren flippten daraufhin die Araber aus, die den Beitrag gesehen hatten – also damit meine ich Araber aus aller Welt, auch aus Deutschland: Er solle das zu Hause machen, was fällt denen ein, sich so schamlos im Fernsehen zu küssen. Es gab so viele Beschimpfungen. Weil das bei uns einfach undenkbar wäre.

Es gibt wirklich sehr viele Talkshow-Sendungen, wo sich die eingeladenen Talk-Gäste prügeln, das ist sogar Teil des Sendekonzeptes, und man amüsiert sich, das wird auch gesendet, in voller Länge. Also vor allem, wenn es über Politik geht. Aber im TV küssen? Geht gar nicht. Das war zwar in den Siebzigern noch üblich, da gab es sogar Sex-Szenen im syrischen Fernsehen, aber heute ist das undenkbar. Küssen ist bei uns in der Öffentlichkeit wirklich unangemessen.

Der größte Unterschied zwischen Deutschland und arabischen Ländern bei dem Thema ist also heute wirklich die sehr viel prüdere öffentliche Situation. Wenn man das von Kind auf gewohnt ist, dann kommt einem diese Freizügigkeit hier eben genauso fremd vor wie die sehr private Art in meiner Heimat einem westlichen Touristen – dabei küssen wir dort genauso gerne, wie es die Menschen hier tun. Nur eben daheim. Hinter Jalousien.

Mit elf oder zwölf Jahren verstand ich kein bisschen von Mann und Frau, denn weder zu Hause noch im Fernsehen oder überhaupt in der Öffentlichkeit wurde über solche Themen gesprochen. Erst in der neunten Klasse gab es Aufklärungsunterricht, aber ganz ehrlich ... diese Geschichte mit Eizelle und Spermium – das ist Bio, aber man weiß dann trotzdem noch gar nichts über Erotik oder die Geheimnisse der Liebe. Davon abgesehen: zero information. So etwas wie eine *Bravo*-Zeitschrift gab es bei uns nicht.

Dass es so wenig Aufklärung gibt, ist ein ernsthaftes Problem und führt oft zu Verwirrung oder Missverständnissen.

Denn auch die Aufklärung über Aids oder andere Geschlechtskrankheiten ist sehr dürftig, und das ist wirklich ein Missstand. Das wäre mal ein viel sinnvollerer Bestandteil eines Integrationskurses als etwa die föderale Struktur Deutschlands abzufragen oder die Feinheiten des Wahlrechtes – bei Leuten, die vorerst von jeder demokratischen Teilhabe ausgeschlossen bleiben, aber keineswegs von der freizügigen deutschen Liebeskultur. Hier in Deutschland ist es sehr einfach, eine Freundin oder einen Freund zu finden und auch intim zu werden.

Bei uns sind auch die Abläufe in einer ernsten Liebesbeziehung ganz anders: Man zieht erst sehr spät aus, meistens erst mit der Hochzeit, und es gibt kaum etwas anderes, wobei sich Eltern stärker in das Leben ihrer Kinder einmischen. Ein gutes Beispiel sind mein Bruder und seine Frau: In der Abiturzeit hatte er eine Mitschülerin kennen und lieben gelernt, die beiden waren ein perfektes Paar. Aber mein Vater war dagegen, dass sie heiraten, einfach aus dem Grund, weil sie etwas älter war als mein Bruder. Die ganze Familie hat dann Symphonie gespielt, alle haben versucht, meinen Vater zu überreden, und schließlich gingen meine Eltern doch zu ihren Eltern und haben über Heirat gesprochen – so läuft das nämlich bei uns. Die beiden sind ein gutes Beispiel, denn hier haben zwei Liebende sich bemüht und mussten einfach warten. Sie haben sich letztendlich bekommen und sind jetzt auch in Deutschland in Sicherheit. Und meine Eltern haben sich sofort in ihren Enkel verliebt, wer könnte auch dem kleinen Habibi widerstehen. So weit, so gut.

Das älteste Gewerbe der Welt

Dieser große Gegensatz von scheinbarer Prüderie bei uns und der großen Freizügigkeit hier befeuert immer wieder die Fantasie der Leute in Deutschland, das ist erstaunlich. Ich war zum Beispiel einmal mit einem Fernsehteam zu einer Reportage in Hamburg, und sie wollten unbedingt meine Reaktion filmen, als sie mich mit auf die Reeperbahn genommen haben, in die Herbertstraße, wo Frauen fast nackt in Schaufenstern stehen und sich anbieten. Aber vermutlich kamen sie nicht auf ihre Kosten. Ein trubeliges Nachtleben und Bordelle, na gut. Das hat jetzt aber nicht den gigantischen Kulturschock bei mir ausgelöst. Ich habe zuvor schon in der Nähe der Berliner Kurfürstenstraße gewohnt, da wurde ich öfter von Prostituierten angesprochen. Ich wurde von dem Fernsehteam auch gefragt, was ich über solche Frauen denke. Ich bin mir zwar nicht sicher, dass dieser Beruf das ist, was sie am liebsten machen wollen in ihrem Leben. Aber falls doch, dann respektiere ich das. Ich habe mal eine Prostituierte kennengelernt, wir waren gute Bekannte und sind tanzen gegangen, weil sie in meinem Alter war – und für sie war das eben einfach ihr Job. Sie hatte auch eine ganz normale feste Beziehung, konnte davon leben und schien glücklich zu sein. Also: why not? Übrigens hat sie auch Youtube-Videos gemacht, in denen sie über ihre Arbeit erzählt hat. Total offen, über Analsex und die Plug-Dildos und … oh, Entschuldigung, liebe Leser, seid ihr jetzt schockiert? Sorry. Aber das meine ich, es ist doch ein bisschen affig, auf solche Effekte zu setzen. Jeder hat irgendwo eine Schamgrenze, natürlich, aber auch viele Menschen in Deutschland haben das. Hier redet man mit seiner Tante ja auch nicht über Erektionsprobleme. Wir Araber sind deswegen doch nicht verklemmt, nur weil bei uns keine halbnackten Frauen auf Plakaten Werbung für eine Biermarke machen. Das ist einfach nur sexistisch und sagt mehr über das Frauenbild hier in Deutschland aus als die vergleichsweise harmlosere Werbung in arabischen Ländern über unsere Einstellung zu Erotik.

Natürlich ist offene Prostitution in meiner alten Heimat gesellschaftlich nicht akzeptiert. Natürlich sind auch einige Araber hier in Deutschland Kunden bei solchen Damen.

Und es ist auch allgemein ein Gerücht, dass es dieses Gewerbe in arabischen Ländern nicht gäbe – nennt mir ein Land der Erde OHNE Prostituierte.

In Syrien war ich nur ein einziges Mal in einem solchen Etablissement, das war kurz vor der Revolution, und ich habe mit meinen damaligen Kumpels einen Ausflug gemacht. Ein Casino, in denen Karaoke gesungen wird, wo auch sehr leicht bekleidete Frauen tanzen – und die tanzen da nicht nur. Wir wollten das einfach einmal gesehen haben. Obwohl wir uns natürlich nur das billigste Getränk leisten konnten. Wenn man da reinkommt, sitzen nahe beim Eingang Leute vom Geheimdienst, man erkennt die sofort. Die passen auf, ob jemand ganz besonders viel Geld ausgibt, und forschen dann nach, wo dieses Geld herkommt. Man durfte dort auch erst ab 18 rein, und das waren wir noch nicht, aber das wiederum war den Aufpassern egal – Geld ist Geld. Syrien ist trotz allem ein säkularer Staat. In diese Bars gehen dann besonders gerne Saudis – und bringen ihre Millionen Dollar mit. Es gibt dort ein beliebtes Spiel: das Geldwerfen. Es ist beeindruckend, wenn so ein Saudi – immer im langen, weißen, traditionellen Gewand mit dem rot-weißen Kopftuch – vor einer singenden hübschen Frau steht, die ihn antanzt, und er sich dann Geldbündel reichen lässt, um sie über der Dame seiner Wahl in die Luft zu werfen. Die Scheine sind allerdings Fake-Geld, also nur aus Papier, er hat sie vorher beim Kellner gekauft und eingetauscht, ungefähr so wie Casino-Chips in den Spielhallen hier. Das soll verhindern, dass sich das Publikum auf das Geld stürzt. Und dann wirft er Tausende von Euros über den Kopf der Frau und in die Zuschauerreihen, als wäre das nichts. Anschließend tanzen alle mit ihm auf der Tanzfläche. Manchmal nimmt er die Frau mit an den Tisch und steckt ihr auch noch Geld in den Ausschnitt. Und natürlich geht die Frau gegen Bezahlung nachher auch noch mit ihm aufs Zimmer, und das alles ganz ungeniert. Die Frauen sind oft Tunesierinnen oder Marokkanerinnen und inzwischen auch sehr viele Russinnen und Mädchen aus dem Irak, die dort auch schon in derselben Branche gearbeitet haben. Und die Saudis kommen einfach deshalb, weil sie in ihrem Land ja fast keine Möglichkeit haben, Prostituierte zu treffen oder auch einfach Frauen an sich. Also gehen sie in die umliegenden Länder. In Syrien ist Prostitution zwar ebenfalls offiziell verboten, doch in ihrem eigenen Land würde ihnen die Todesstrafe drohen, während sie das in Syrien heimlich kaufen können. Ich habe in dem Casino damals einen Saudi gesehen, der sechs Millionen syrische Pfund an diesem Abend ausgegeben hat, das sind 100.000 Euro. Ein teurer Spaß, aber für Geld kann man alles kaufen, in so ziemlich jedem Land der Erde.

Homo, bi und bunt

Es ist also einfach so, dass bei uns dieselben Dinge existieren wie in Deutschland, nur finden sie einfach nicht so öffentlich statt. Prostitution gibt es überall, wirklich überall, nicht nur in Hamburg auf der Reeperbahn. Im Iran kann man eine Ehe auf Zeit abschließen, eine Sique, die geht bei dreißig Minuten los. Ist klar, ne? Man hält die Regeln ein und bricht sie dann durch die Hintertür. Es gibt immer einen Weg, und es gibt immer alles. Das gilt auch für die anderen Spielarten der Liebe wie zum Beispiel schwule und lesbische Neigungen. Der Unterschied ist immer nur die offizielle Stellung der Regierung und die öffentliche Wahrnehmung dazu. In Deutschland nimmt man offiziell genauso viel Rücksicht auf spezielle Vorlieben in der Sexualität wie beim Essen, alles ist möglich, solange die Beteiligten einverstanden sind. Homo oder bi, sich an Bäumen reiben oder offene Beziehung, man kann auch problemlos sein Geschlecht wechseln, sogar inzwischen ein drittes für sich reklamieren, und natürlich auch mehrere Partner gleichzeitig lieben. Und das alles ist inzwischen auch ganz normales Thema im Schulunterricht, damit meine ich jetzt nicht Aufklärung, das hatten wir auch, wenn auch ziemlich spät, sondern ich meine eben alle Dinge abseits vom Mainstream. Aber auf der Straße hier werden immer noch Schwule verprügelt. Und sogar innerhalb der Familien gibt es Mobbing, wenn man nicht »normal« ist. Solange sich Leute vor einem Coming-out fürchten, ist das eben noch nicht so normal, wie es die Gesellschaft hier für sich behauptet.

Die Vorstellung vieler Menschen hier ist auch, dass in meiner Heimat andauernd Hetzjagden auf Schwule veranstaltet werden und die gar nicht schnell genug ins Gefängnis oder an den Galgen kommen können. Darüber schreiben immer wieder die Medien hier, aber es hat nichts mit der Realität zu tun. Solche offenen Hetzjagden findet man doch eher in Russland. Habe ich aber auch nur gelesen, ich war nicht dabei. Bei uns gibt es vermutlich genauso viele homosexuell orientierte Menschen wie in Deutschland, weil das ja eine konstante Variante unter allen Menschen ist, nicht etwa eine Entscheidung oder so. Aber es wird eben nicht in der Öffentlichkeit gelebt. Wie unsere jugendlichen Beziehungen. Das ist unsere doppelte Welt. Das war nicht immer so, in der arabischen Geschichte – auch in islamischer Zeit – gab es früher eine reichhaltige schwule Tradition. Aus dem öffentlichen Leben ist sie wieder verschwunden, das ist so eine Entwicklung der Neuzeit. Aber in Damaskus gibt es natürlich trotzdem spezielle Clubs, wo sich diese Szene trifft. Solange alles schön inoffiziell ist, lassen einen die Behörden in Ruhe. Wie mit der Prostitution. Problematisch wird es immer dann, wenn es öffentlich wird. In Marokko zum Beispiel haben sich kürzlich zwei Männer zeremoniell trauen lassen, die kamen dann ins Gefängnis, aber gleichzeitig gibt es dort regelrechte schwule Zentren, wo man fast alles machen kann, solange es diskret abläuft. Viele homosexuelle Männer aus Europa haben das deshalb als Reiseziel für ihren Urlaub. Und selbst in Saudi-Arabien trifft ein homosexueller Mann seine Flamme beim Barbier und im Café, und dann geht es eben gemeinsam die eigenen vier Wände. Offiziell droht die Todesstrafe dafür, aber angewendet wird sie so gut wie nie, mit einer Ausnahme, dem Iran, der hier extrem streng ist und sogar Jugendliche hinrichten lässt. Es ist in jedem Land ein wenig anders. Und dann gibt es natürlich die Extremisten, also in Gegenden, in denen die Taliban herrschen, oder im Einflussbereich des Daesh (Isis) – aber dort reicht es auch, Amerikaner zu sein, um hingerichtet zu werden. Die arabische Gesellschaft selber ist nicht so schwulenfeindlich, wie das hier dargestellt wird. Ein Schulfreund von mir war schwul, der hat sich meist als Frau angezogen, maniküt, angemalte Nägel gehabt. Er wurde von den anderen Schülern gemobbt, aber das war es dann auch – es war der einzige Schwule, den ich als Kind kannte –, er war das, was man hier eine »Tunte« nennt. Wir sagen dazu auch »Tant«, fast dasselbe Wort. Soll mir keiner erzählen, auf einem durchschnittlichen Schulhof in Deutschland wäre das für ihn sehr viel anders gewesen. Wir haben viel geredet, ich mochte ihn, er erzählte mir viel von seinen Problemen. Die Eltern brachten ihn zum Arzt – der sagte aber, das sei keine Krankheit, er selber wolle es ja so. Aber Schwulsein ist weder etwas, das man will, noch eine Krankheit – es ist wie Linkshänder sein oder blond, man ist es einfach. Und gut. Hier in Deutschland dagegen habe ich erlebt, dass zwei junge Bekannte in einem kleinen Supermarkt in Berlin vom Ladenbesitzer verprügelt worden sind, einfach weil sie sich dort geküsst hatten. Sie riefen die Polizei, einer von ihnen war sogar blutverschmiert, doch der Beamte hat dann ihnen, nicht dem homophoben Besitzer eine Strafe aufgedrückt, weil sie den angeblich »provoziert« hätten. Es gibt in Deutschland so viele Vorfälle, bei denen es Leute trifft, die sich in der Öffentlichkeit als homosexuelles Pärchen zeigen – als wäre ein Kuss ein Affront. Es ist einfach ein Unterschied zwischen der rechtlichen Anerkennung zum Beispiel der Ehe für alle – und wie es dann andererseits auf der Straße aussieht. Wenn die Leute ein schwules Pärchen sehen und wenn die sich dann auch noch küssen … das finden viermal mehr Leute unangenehm, als wenn das ein Mann und eine Frau tun. So lese ich es in einer aktuellen Umfrage (die könnt ihr auf https://www.antidiskriminierungsstelle.de nachlesen). Bei uns in Syrien ist Küssen in der Öffentlichkeit generell verboten, ganz egal ob hetero oder schwul oder lesbisch.

Alleinerziehend

Da bei uns viele Ehen von den Eltern arrangiert werden, kann es sein, dass es mit der gegenseitigen Liebe dann nicht ganz so weit her ist. Immer wieder kommen solche Pärchen als Geflüchtete nach Deutschland, und sobald die Frauen feststellen, wie die Verhältnisse hier sind, kommt es nicht selten zur Trennung.

Hier ist es eben nicht nur viel leichter zu heiraten, es ist auch viel einfacher, sich zu trennen. Das ist dann zwar auch kein Zuckerschlecken, aber die Verlockung der Freiheit ist einfach größer für viele Frauen. Leider gilt das nicht für alle Frauen, meine Tante zum Beispiel ist hier in Deutschland seit zwanzig Jahren, sie hat aber einen jordanischen Pass und keinen syrischen, das liegt an der verworrenen Situation in unserer Heimat, und sie muss immer noch ihren tyrannischen Mann ertragen, der sich von ihr pflegen lässt, aber die Unterstützung der Pflegeversicherung für sich einstreicht. Zur Erinnerung, das ist der alte Mann und Assad-Anhänger, der mich als Terrorist bei sich rausgeworfen hat, als ich nach meiner Ankunft in Deutschland bei ihm unterkommen wollte. Sobald meine Tante sich also von ihm trennen würde, würde sie abgeschoben werden – und zwar nach Jordanien, wo sie aber überhaupt nichts mehr hat, wir anderen sind ja fast alle hier. Wir waren deswegen auch schon beim Anwalt, aber die deutschen Gesetze machen es ihr unmöglich.

Trennen kann wirklich ein Segen sein. Allerdings war ich überrascht, wie oft sich hier getrennt wird, sogar wenn Kinder da sind. Das führt zu etwas, das es bei uns gar nicht gibt: die unglaublich vielen Alleinerziehenden.

Als ich gerade nach Deutschland gekommen war, traf ich mich mit einer alten Freundin aus Syrien und einer deutschen Bekannten von mir. Meine syrische Freundin fragte irgendwann, ob meine deutsche Freundin denn schon Kinder hätte. Das ist eine ganz typische Small-Talk-Frage bei uns. Ich antwortete ganz automatisch:

»Nein, sie ist ja noch nicht verheiratet.« Für mich war das einfach logisch. Aber meine deutsche Freundin erklärte:

»Das ist hier nicht nötig. Man kann auch ohne Hochzeit gemeinsam Kinder haben.« Ich hörte damals zum ersten Mal davon. Wow, dachte ich, was für ein liberales Land.

Mit der Zeit habe ich aber durch meine vielen deutschen

Bekannten und einmal durch eine eigene Beziehung auch die Kehrseite davon kennengelernt: Ja, man kann Kinder haben ohne Hochzeit, aber dann oft auch ohne Partner – und das ist kein Zuckerschlecken, besonders hier in Deutschland. Jede Alleinerziehende ist eine absolute Powerfrau und hat riesigen Respekt verdient. Ich weiß, dass diese Meinung erstaunlicherweise nicht üblich ist, und warum gerade die, die es brauchen – Alleinerziehende – dann auch noch vom Staat steuerlich schlechtergestellt werden, hat mir noch niemand wirklich plausibel begründen können.

Auch in Syrien gibt es Paare, die sich trennen, aber dann geht die Frau mit den Kindern meistens zurück in ihre Familie und bekommt dort Unterstützung. Wie die Familie ja das meiste übernimmt, was man hier eher dem Sozialstaat überlässt.

Eine Sache zur Scheidung: Auch bei uns ist es nicht immer nur der Mann, der der sich trennt. Denn wie gesagt haben bei uns die Familien und besonders die Eltern oder Schwiegereltern einen viel größeren Einfluss – und das geht nicht immer gut. Auch in Deutschland gibt es ja sehr viele Witze über Schwiegermütter – da könnt ihr euch vorstellen, wie heftig das bei uns werden kann, wenn die Schwiegermutter sich in den Haushalt der Frau einmischt. Es gibt da so einen Ausdruck im Arabischen: Wenn jemand ganz zufällig genau zu dem Zeitpunkt zu Besuch kommt, wenn gerade das Essen auf den Tisch gestellt wird, sagen wir zu ihm: »Deine Schwiegermutter liebt dich!« – denn beides ist einfach genauso unwahrscheinlich.

Obwohl ich im Zweifelsfall lieber die Freiheit und Unabhängigkeit wähle, hat Familie eindeutig nicht nur Nachteile und sie bedeutet mir sehr viel. Man kann sich austauschen, sich besuchen und so weiter und die Kinderbetreuung lastet eben nicht nur auf zwei Schultern. Wenn es etwas gibt aus der arabischen Kultur, das mir ganz besonders lieb und teuer ist – dann ist es dieser starke Zusammenhalt von Familien.

Das habe ich in Deutschland noch nicht so häufig gesehen. Bei Bekannten habe ich mitbekommen, dass sie den Kontakt zu ihrer Familie nach einem Streit sogar komplett abgebrochen haben. Das wäre bei uns kaum möglich. Man rauft sich immer irgendwie wieder zusammen. Man mag sich mehr oder auch weniger, aber die Familien stehen zusammen.

Dafür hat man hier durch die größere Unabhängigkeit eher die Chance auf Individualität und darauf, sich eigenständig zu entwickeln und einfach so zu sein, wie man sein möchte.

Ich persönlich liebe beides. Aber manchmal frage ich mich, ob es sich nicht ausschließt – so wie Flügel und Wurzeln.

72 Jungfrauen sind zu wenig

Der einzige Ort, an dem in meiner Jugendzeit in Syrien ansatzweise über Sex gesprochen wurde, war in der

Moschee. Und zwar immer dann, wenn der Imam zum Dschihad aufgerufen hat. Mit dem Dschihad war in diesem Fall der Kampf gegen Ungläubige gemeint, die die muslimische Gemeinschaft bedrohen. Ganz konkret ging es um die erste und zweite *Intifada*, also den Aufstand der muslimischen Palästinenser gegen die israelischen Besatzer im Westjordanland und in der Westbank, und für diesen Kampf wurde in den umliegenden Ländern Unterstützung angeworben, ganz offen in den Moscheen. Ich kam zu dieser Zeit gerade in die Pubertät, das war um 1990 herum, etwa zeitgleich marschierte auch George W. Busch senior im Irak zum zweiten Golfkrieg ein, nachdem Saddam sich das Öl-Emirat Kuwait einverleibt hatte. Das war diese berüchtigte Mutter aller Schlachten. Auch da sollten alle Muslime sich in die Schlacht gegen die Ungläubigen werfen. Nachdem die Gläubigen beim ersten Golfkrieg ja noch unter sich geblieben waren, als sich Saddam gegen den Iran gewandt hatte. Jetzt sah die Sache anders aus, und angeblich ging es diesmal um mehr als Öl. Es war der heilige Krieg, diesmal für Gott (und Öl). Und was gab es als größten Lohn dieser lebensgefährlichen Mission? Das, was in meiner Gesellschaft am schwierigsten zu bekommen war: Eine MENGE Jungfrauen. Allerdings erst nach Lieferung der Ware, also dem Märtyrertod, im Paradies. Und wir reden hier nicht nur von 72 – wo die Zahl herkommt, weiß niemand genau, im *Koran* steht sie nicht.

Die paradiesische Rechnung

Ich hoffe, ihr seid gut im Rechnen? Wer also als Kämpfer Gottes sein Leben für die gute Sache der Muslime gegeben hatte, oder sagen wir mal für die von Arafat und Saddam, und dann durch die himmlischen Tore eingeritten kam, der erhielt dort zunächst einmal zwei Huris ganz für sich alleine. Eine Huria ist im Koran die Verkörperung jeder Männerfantasie schlechthin: Sie ist von blendender Schönheit, so wie Rubine, Perlen und Korallen, und sie ist bestückt mit schwellenden Brüsten, zwei an der Zahl. In der sunnitischen Tradition wurde ihr noch zusätzlich nachgesagt, dass sie haarlos sei, außer Augenbrauen und Kopfhaar. Was will man mehr? Nun, vielleicht noch was zum Nachtisch? Das Paradies bietet auch das – denn die Huris benötigten zur Pflege ihrer glänzenden Erscheinung natürlich ein kleines Bataillon an Mägden – ganze siebzig pro Huria. Macht also 2 + 70 + 70 = 142. Alle natürlich jung, selbstverständlich jungfräulich, bestens im Futter und willig, wie es eben nur im Paradies denkbar ist. Was halten nun die Ehefrauen der Märtyrer von diesem himmlischen Harem? Als treue Begleiterinnen folgten sie ihren Männern ja irgendwann nach, waren im Himmel automatisch wieder jung und jungfräulich, hübsch über alle Maßen, und erhielten dort ganze 70 Huris als Mägde zugeteilt – und jede dieser Huris brachte dann auch ihre 70 eigenen Mägde mit, nicht zu vergessen. Alle natürlich auch dem Herrn dieses großen Harems stets verfügbar. Wir sprechen also von 70 hoch zwei, das ergibt

4.900 zusätzliche Damen für den erfolgreichen Gotteskrieger. Plus die hübsche Gemahlin. Und wenn man es dann auf die Spitze treiben will und er den maximalen Score erreichen wollte – dann hatte er mit vier Ehefrauen plus den zwei Standard-Huris insgesamt 4 x 4.900 = 19.600 plus 4 Ehefrauen und die 142 Damen aus dem Basisvertrag – das macht in der Premiumvariante also 19.746 Jungfrauen. Haarlos, wenn man Sunnit ist. Dagegen kann das deutsche Standard-Paradies, welches aus Rente plus Kaffeefahrt besteht, ganz eindeutig nicht wirklich konkurrieren, aber die Deutschen glauben ja auch nicht mehr an die Rente, und Paradies ist für sie eher ein Ort, an dem Schokolade schlank macht. Der Islam hat eindeutig das bessere Marketing – sie haben einfach erkannt, was die Leute am allerstärksten mitreißt, jedenfalls die Männer, die man hier rekrutieren wollte. Natürlich ist das nicht unbedingt theologisch alles so haltbar, wenn man einen studierten Gelehrten befragt. Aber das war und ist für die Prediger mit ihren Versprechungen und für ihre Zuhörer völlig unerheblich – so wird es gepredigt und geglaubt. Ich saß ja in diesen Moscheen und ich kann euch sagen, dass ich sehr genaue Bilder in den Kopf bekam, wenn ich Derartiges von der *Minbar* gehört habe – NICHT Minibar!!! – Minbar. So heißt die Kanzel bei uns. Heute bin ich froh, dass mir so ein Damenandrang im Jenseits nicht bevorsteht. Ich bin ganz schlecht mit Namen merken – und dann gleich viele Tausend Freundinnen? Ich habe erlebt, wie auch nur eine sein kann, wenn man sich ihren Namen falsch gemerkt hat. Mein Paradies wäre die Hölle geworden.

Ich höre schon meine genderbewussten LeserInnen nach der umgekehrten Variante fragen. Wenn also eine Muslima zur Märtyrerin wird. Nun sind weibliche Märtyrer beim Dschihad ungefähr genauso wenig vorgesehen wie Frauen in Spitzenpositionen bei der CSU, auch wenn es natürlich welche gegeben hat, bei beiden. Im Normalfall ist die tugendsame gottesfürchtige Muslima natürlich im Paradies ebenfalls willkommen – auch ohne dafür ihr Leben zu geben. Was ihr dort sowieso zusteht, sind auf jeden Fall 70 Mägde, wie üblich. Und ihren Angetrauten selbstverständlich. War sie jedoch unverheiratet – und das bedeutet laut Quran zugleich Jungfrau – dann sieht das Paradies für sie einen Mann vor, stark wie 100 Mann, und damit ist nach landläufiger Lesart gemeint, dass er potent wie 100 Mann ist. Und sie selber wird 70-mal schöner als eine normale Huri sein, also schöner als diese großäugigen rubinhaften Wesen mit diesen schwellenden Dingsbums. Versucht nicht, euch das jetzt bildlich vorzustellen. Außerdem kann sie Sex haben und danach wieder Jungfrau sein, Blut fließt sowieso keines, auch die Menstruation bleibt vom Paradies ausgeschlossen. Eine geschiedene Frau wiederum bekommt im Paradies einen geschiedenen Mann. Und eine verheiratete Frau, deren Mann in der Hölle ist? Nun, sie bekommt im Paradies einen neuen Mann, Version 100 PS – ähm MS = Mannstärken. Wenn es nicht mehr genug Männer im Paradies gibt, erschafft Allah für sie einfach neue, nur für diesen speziellen Zweck – das sind dann solche, die es noch nicht auf die Erde geschafft haben. Das alles denke ich mir nicht aus, das kann man in so manchem aktuellen Youtube-Video anerkannter Sheiks und Imame genau so wiederfinden. Was nun aber mit den männerliebenden Männern und ihren weiblichen Pendants im Paradies sein mag, dazu schweigt die Überlieferung, denn für manche ist diese sexuelle Orientierung an sich schon ein Ausschlusskriterium für das Paradies. Man kann nur spekulieren, was ein homosexueller Märtyrer zu erwarten hat. Auch ist ein wenig unklar, wie das mit geschiedenen Paaren läuft. Von den Patchworkvarianten westlicher Lebensart mal ganz abgesehen.

Kleine Randbemerkung: Da im Paradies quasi all das zu finden ist, woran es im Leben an Sinnesfreuden zu mangeln scheint, so ist dort übrigens auch Alkohol in Aussicht gestellt, ja, dem frommen Moslem, der sich bisher so tapfer enthalten hat. So jedenfalls steht es in Sure 15. Und um diesen offensichtlichen Widerspruch zum harten Alkoholverbot im Diesseits zu lösen, legen es viele so aus, dass der paradiesische Alkohol im Jenseits nicht betrunken macht. Das muslimische Tofu sozusagen. Da kann man den Märtyrern nur wünschen, dass der himmlische Sex sich für sie nicht auch als etwas Spaßbefreites entpuppt.

Die Wirkung solcher Versprechungen mit derartiger Frauenfülle samt dazu passenden Drinks war und ist jedenfalls immer noch durchschlagend. Viele junge Männer aus Syrien folgten im Diesseits diesem Ruf. Syrer haben viel Geld für die Kämpfe gespendet oder sind selber in die Schlacht gezogen. Und dieses Schema ist so geblieben, wenn es auch heute eine Menge liberaler Stimmen gibt, die sich von diesem Verständnis von Dschihad und Jenseits abgrenzen. Nicht so die Extremisten. Die Attentäter des Anschlages auf das World Trade Center am 11. September hatten zum Beispiel in der geistlichen Anleitung, die man in ihrem Gepäck gefunden hat, schon die Aussicht erhalten, dass die Paradiesgärten bereits für sie geschmückt seien und die Huris sie von dort herbeiriefen. Die Propaganda des Daesh ist voll mit diesen Lockmitteln. Sex sells.

Mein Paradies: Die Freiheit

Ich selber war ja damals zum Glück viel zu jung für den Dschihad und auch nicht sonderlich wild darauf, eine Waffe in die Hand zu bekommen. Aber die Geschichten über diese schwellenden Schönheiten, die wollte ich als junger Kerl natürlich nicht verpassen. Zu dieser Zeit war ich auch noch durchaus religiös. Das hat sich dann mit der Zeit verändert, als ich immer mehr verstanden habe, dass mit Religion Politik gemacht wurde. Schließlich habe ich mich dann nicht für den Kampf Gottes, sondern zum Kampf um die Freiheit entschieden. Für den gibt es leider keine großen Lorbeeren oder schöne Frauen zu gewinnen, »nur eben die Freiheit«. Aber die bekommt man dann wenigstens schon im Diesseits, und das ist meiner Meinung nach einfach mehr wert.

Heute bin ich in etwa so religiös wie der Durchschnittsdeutsche, also eben nicht. Weder gehe ich zur Moschee noch spreche ich die muslimischen Gebete mit Verbeugung gen Mekka oder konzentriere mich nur auf mein jenseitiges Seelenheil. Das entspricht auch der überwiegenden Mehrheit der hier lebenden Muslime, soweit ich das beurteilen kann. Kirchen und Moscheen werden ungefähr gleich schlecht besucht.

Doch genau wie fast alle Deutschen ihre Weihnachtslieder meistens auswendig können – zumindest die erste Strophe –, so kann ich die Koran-Suren von damals noch immer singen. Die werden ja bei uns nicht einfach nur rezitiert, sondern haben eine Melodie, und so etwas bleibt haften. Ich bin in einer muslimischen Gesellschaft geboren, wurde beschnitten, wuchs mit dieser Religion auf, und auch, wenn ich über die Huris im Jenseits nur noch satirisch reden kann, umweht die alten Erinnerungen doch ein Hauch Nostalgie. Geht es den Deutschen mit ihrer Erinnerung an den Weihnachtsgottesdienst nicht auch so? Der Islam war fester Bestandteil meine Kindheit, und ich erinnere mich noch wie heute, als meine Mutter mir während meiner schweren Krankheit im Krankenhaus Verse aus dem Koran vorlas. Das war während meiner lebensgefährlichen Leukämie-Erkrankung, ich war ja über Monate ans Bett gefesselt und kämpfte dann auch noch viele Jahre mit der Krankheit. Meine Mutter war zu der Zeit fast jeden Nachmittag bei mir. Mein Vater war ja fast den ganzen Tag arbeiten und meine älteren Geschwister waren immer beim Schwimmen, sie waren extrem sportlich. Nur meine Mutter war permanent bei mir – und las mir dann Suren vor, fast wie magische Beschwörungsformeln. Das werde ich nie vergessen, ich hörte ihre Stimme beim Einschlafen und Aufwachen, als sie mir fast schon beschwörend Suren vorlas, das hatte etwas so Geborgenes für mich. Tatsächlich überstand ich die Krankheit, weshalb anschließend alle versuchten, mir weiszumachen: Allah hat dich wieder gesund gemacht – du musst ihm dankbar sein. Aber natürlich saßen zur gleichen Zeit auch christliche Mütter an den Betten ihrer kranken Kinder, zitierten vielleicht Bibelverse oder sprachen Gebete, und wieder andere murmelten in anderen Ländern ihre hinduistischen Mantras. Auch wenn ich mich selbst als aufgeklärten und liberalen Menschen verstehe, weiß ich um die Kraft, die Religion bieten kann. Aber es ist ein Unterschied, ob ich Intifada-Kämpfer mit so einer Art religiöser Paradies-Pornos rekrutiere oder ob eine Mutter ihre Verzweiflung und Angst in die einzigen Worte kleidet, die ihr Trost schenken, und sie aus tiefster Seele für das Leben ihres Kindes bittet, findet ihr nicht?

Gottes Wort auf Erden

Doch in Wirklichkeit besteht Religion nicht aus Theorie, sondern vor allem aus dem Alltag. Und der unterscheidet sich oft ganz erheblich. Und in meiner Heimat bestimmt die Religion eben den Alltag und sogar Gerichtsverfahren. Beispielsweise unterschreibt der Großmufti Hassoun in Syrien Todesurteile, bevor sie dann vom syrischen Präsidenten Assad bestätigt werden. Wenn das mal kein Einfluss ist!

Heute ist der Alltag in Deutschland nicht mehr wirklich vom Christentum bestimmt, auch wenn es die passenden Feiertage noch gibt. Hier herrscht vor allem ein Humanismus moderner Prägung und Liberalität. Doch das ist in der arabischen Welt anders – auch wenn Syrien ein laizistischer Staat ist, hat der muslimische Glaube überall einen sehr großen Einfluss auf das Alltagsleben und auf das Denken der Menschen. Kirche spielt hier einfach keine Rolle mehr, weil die Welt außerhalb der Kirchentüren so modern ist. Das einzige Ritual, das ein Deutscher noch täglich durchführt, ist nicht sein Nachtgebet, sondern sein Smartphone vor dem Einschlafen ans Ladegerät zu hängen. Die studierten Menschen in der arabischen Welt nähern sich dieser modernen Denkweise zwar schon an, aber in der breiten muslimischen Masse herrscht keine sehr aufgeklärte Vorstellung von der eigenen Religion, und das ist auch gar nicht gewollt. Darum bin ich sehr für staatlichen muslimischen Religionsunterricht – oder soll der Islam niemals zu diesem Land hier gehören? Es gibt ja genug Deutsche, die Moslems sind – aber nur weltfremde Imame als Vorbilder haben. Und das würde auch enorm bei der Integration der Geflüchteten helfen.

Ich glaube, jetzt könnt ihr besser verstehen, warum das Leben hier für Menschen, die aus muslimischen Gesellschaften wie Afghanistan, Irak oder Syrien nach Deutschland fliehen, eine enorme Umstellung ist. Nicht deshalb, weil sie in den Bereich einer anderen Religion wechseln, sondern weil es hier quasi gar keine Religion gibt. Das ist wie eine Leere, die sie spüren, denn auch wenn es Moscheen gibt, irgendwo in irgendwelchen Hinterhöfen, so ist das in keiner Weise vergleichbar mit dem muslimisch durchdrungenen Alltag in den Heimatländern, auf der Straße, im TV, in der Politik. Nicht jeder empfand das als Kontrolle, für viele war es einfach Normalität. Es war Heimat. Es gibt immer wieder Muslime, die sich nach ihrer Ankunft in Deutschland christlichen Gemeinden anschließen und zum Christentum konvertieren – in manchen Ländern steht darauf lebenslange Haft, im Iran selten auch die Todesstrafe. Sie tun es hier, einfach aus dem Bedürfnis heraus, dass sie so vielleicht in das neue Gesellschaftsleben hineinfinden. Oder sich ihr Status verbessert. Es fehlt einfach etwas. Der gesellschaftlich gelebte Glaube hat für Muslime eine Art innere Identität, und er stiftet auch ein Gemeinschaftsgefühl – Umma –, die Gemeinschaft aller.

Ich persönlich empfinde dieses Selbstverständnis als einen der größten Widersprüche der muslimischen Welt. Denn der angeblichen großen Einheit nach außen steht keine innere Einheit gegenüber – denn innerhalb der verschiedenen Glaubensrichtungen tobt eine heftige politische Konkurrenz.

Ich habe mal gehört – weiß aber nicht, ob es stimmt –, dass es vor Mohammeds Siegeszug in Saudi-Arabien unter den dortigen Stämmen einen gab, dessen Mitglieder einen Gott aus Datteln verehrten. Der war also buchstäblich aus Früchten zusammengesetzt und wurde immer mit herumgetragen. Wenn sie Hungersnot hatten, haben sie ihn einfach aufgegessen. Der Gott, der hätte mir gefallen. Von dem hatte man wenigstens etwas.

In der muslimischen Welt hat sich aber durch das Internet auf jeden Fall sehr viel verändert, auch was die Religion betrifft. Vor zehn Jahren gab es kein Youtube, kein Facebook, das war alles gesperrt. Die Regierungen bestimmten, was wir im Fernsehen zu sehen bekamen, und die einzige Möglichkeit, über den Tellerrand zu spähen, war dann ein wenig später die Satellitenschüssel. Wenn die Menschen keine Möglichkeit haben, etwas zu recherchieren, dann glaubt die große Mehrheit, was ihnen aufgetischt wird.

Deshalb ist erst das Internet für uns der Weg zur geistigen Freiheit geworden. Im Grunde kam mit dem Aufstieg der sozialen Medien wie Facebook und YouTube auch die revolutionäre Bewegung bei uns in Bewegung. Über kurz oder lang wird sich so der Einfluss der Religionen immer mehr abschwächen, auch in der muslimischen Welt.

Deshalb mag ich Deutschland, weil es hier selten religiös zugeht. Hier müssen die Politiker ohne göttlichen Beistand klarkommen – und mit Argumenten und Geschick überzeugen.

5. Kultur & Hass

Ich habe weiter oben über Liebe geschrieben, und darum soll es auch ein Kapitel über Hass geben. Leider kommt man daran nicht vorbei. Das Thema Hater und Hass, der Aufstieg der rechten Parteien in Deutschland und die vielen Anschläge gegen Flüchtlingsheime werden immer wieder mit Angst in Verbindung gebracht, besonders der Angst vor Überfremdung. Es gibt einen Ausdruck im Englischen, die »German Angst«. Ich habe dazu eine interessante Definition gefunden: »Die Deutschen haben ihre Gefühle nicht gut im Griff. Sie weisen einen hysterischen Charakterzug auf. Sie werden feststellen, dass Deutsche häufig bereits in Wut geraten, wenn auch nur die kleinste Kleinigkeit danebengeht.« Das stammt jetzt nicht aus einem YouTube-Video englischer Studenten, sondern ist von 1944 aus einem Leitfaden für britische Soldaten.

Als ich nach Deutschland kam, hatte ich nur ein einziges Gefühl in mir: große Erleichterung, denn ich musste nun nicht mehr um mein Leben fürchten.

Doch jetzt, nach ein paar Jahren hier hat sich das

erstaunlicherweise gewandelt – manchmal spüre ich diese »German Angst« jetzt auch bei mir, und ich fange an, diese neue Art der Sorge etwas besser zu verstehen. Denn ich habe inzwischen einiges erreicht und aufgebaut: Ich habe eine Wohnung, meine Arbeit als Blogger, Autor und auf deutschen Bühnen, meine Engagements beim Fernsehen. In Syrien kannte ich zwar die unmittelbare Bedrohung durch Bomben, Sniper, Geheimdienst und Islamisten, aber ich hatte keinen Gedanken daran verschwendet, was in ein paar Monaten sein könnte. Das war völlig außerhalb meiner Vorstellung, es ging um heute, um jetzt, und dabei oft um Leben und Tod.

Jetzt beginne ich aber auf einmal, mir Sorgen um die Zukunft zu machen: Wie weit kann ich mich finanzieren? Ob ich meine Kamera nicht vielleicht doch gegen Diebstahl versichern sollte? Welche Kurse an der Uni sind eigentlich sinnvoll? Und soll ich mich jetzt schon eng an einen Partner binden oder lieber warten, bis ich weiß, wovon ich auch längerfristig leben kann? Ist das Deutsch? Ich weiß es nicht genau, aber es ist wirklich neu für mich.

Ich glaube, das hat viel mit dem Wohlstand und dem hohen Lebensniveau hier zu tun. Diese Angst ist eher so eine Art Höhenangst. Man kann von so weit oben ziemlich tief fallen, zum Beispiel in die Arbeitslosigkeit und Hartz IV. Davor haben die Menschen hier einen Horror, wie ich ihn in Syrien höchstens vor einem Giftgasangriff hatte. Aber mittlerweile will auch ich auf keinen Fall mehr von staatlicher Hilfe abhängig sein und mache mir vielleicht deshalb dieselben Gedanken. Meine Ängste haben sich tatsächlich verschoben.

Aber ist das schon die »German Angst«? Solche Sorgen haben die Engländer, Franzosen, Amerikaner ja auch. Es ist wohl eher der Umgang damit. Jans sechzehnjährige Tochter – selber halb Deutsche, halb Französin – meint dazu immer:

»Hier in Deutschland ist es immer wie in einem Hühnerstall. Irgendwer behauptet, er habe den Fuchs gesehen – und sofort flattern alle wild rum und schreien GACK GACK GACK.«

Ich mag dieses Bild. In der Tat haben die Menschen hier einen starkes Bedürfnis nach Sicherheit und Schutz, obwohl es kaum ein Land auf der Welt gibt, das so sicher ist wie Deutschland. Die Deutschen fürchten um die Qualität ihrer Lebensmittel, sind für Kamera-Überwachung öffentlicher Plätze mit Gesichtserkennung und GLEICHZEITIG für maximalen Schutz ihrer Privatsphäre. So haben die Deutschen es zum Beispiel als einzige Nation geschafft, dass Google Street View 2010 gestoppt wurde und nicht weiter aktualisiert wird. Ein häufiges Argument war, man könne ja sonst viel zu leicht andere ausspionieren, seine Vermögensverhältnisse, und das würde zum Beispiel die Einbruchgefahr steigern. Und das in einem der sichersten Länder der Welt. Es gab hunderttausendfache Anfragen zur Verpixelung von Gebäuden, das war vermutlich für Google in der Zukunft einfach zu aufwendig – denn das gab es so in keinem anderen Land –, also ließen sie das Projekt ruhen.

Während man in England also nun überall per Street View nachsehen kann, wie der Eingang zum nächsten Club am Urlaubsort aussieht, und zwar HEUTE, sieht man in Berlin bei Street View statt seinem aktuellen Hotel nur eine Baustelle. Das hat in Deutschland leider auch nicht zu weniger Einbrüchen geführt, seit damals stieg die Rate gleichbleibend an, in UK hingegen ging sie zurück. Merkwürdig, oder? Muss jetzt nichts miteinander zu tun haben. Aber es ist wohl tatsächlich was dran an dem Bedarf der Deutschen, sich möglichst sicher zu fühlen. Deutsche geben auch irre viel Geld für Versicherungen aus, oder besser gesagt: für das Gefühl der Sicherheit, denn ich denke, darum geht es. In Europa sind sie damit fast Spitzenreiter.

Wenn man heute zur Hauptverkehrszeit in einem Berliner Taxi sitzt und dem Fahrer zuhört, könnte man dem fast zustimmen. Dabei brauchen die Deutschen eigentlich keine Angst zu haben, sie haben doch für alles eine Versicherung – sogar für ihre Brillen. Dennoch habe ich im Supermarkt Biogemüse in Plastik eingeschweißt gesehen. Also »Gurken im Kondom« – wow! Manchmal scheint mir das ein gutes Bild für deutsche Befindlichkeiten zu sein. Nur das Beste, und dann aber mit allen Mitteln absichern und schützen. Angst vor Chemie. Angst vor Migranten. Angst vor allem und jedem. Und eine Unmenge von Zeitungsartikeln beschäftigen sich mit Ängsten, die bei genauerem Hinsehen ungefähr so bedrohlich sind wie ein Haar in der Suppe, denn von den vielen Katastrophen, die bisher durch die Medien gingen, hat es keine geschafft, den Wohlstand und das Leben in Deutschland ernsthaft zu gefährden. Vielleicht mit Ausnahme von Germany's Next Top Model.

Deutsche Hater

Aber ich persönlich glaube nicht, dass sich mit der »German Angst« zum Beispiel der Hate Speech in den sozialen Medien erklären lässt. Der ist nicht auf Deutschland beschränkt. Man kann damit aber sehr wohl die Wahrnehmung dieser Hasskommentare in der Öffentlichkeit hier erklären – nämlich als extrem beunruhigend, obwohl diese Trolle ja eine kleine Minderheit darstellen. Wann immer die Diskussion hier in Deutschland auf das Thema kommt, erlebe ich sehr große Bestürzung über diese furchtbare Verrohung. Aber sie spiegelt eher die Ängste der allgemeinen Normalbürger als die tatsächliche Verbreitung des Phänomens. Was schätzt ihr, wie viele Kommentare im deutschsprachigen Netz Beleidigungen, Drohungen oder Hass sind? Na? Es sind etwa drei Prozent – so Rayk Anders in seiner neuesten Youtube Doku »Lösch Dich! So organisiert ist der Hate im Netz - Doku über Hater und Trolle« von 2018. Dort wurden über eine Million Kommentare mithilfe eines intelligenten Algorithmus ausgewertet. Dazu kommt, dass die Tonart auch bei Weitem nicht so heftig ist, wie die Medien es dann gerne darstellen. Denn de facto sind die Kommentare in Deutschland zwar auch ziemlich krass – aber kennt ihr im Vergleich die übliche Welle von Beleidigungen und Todeswünschen auf arabischen Facebook-Seiten? Oder die schiere Menge der Hater in der #metoo-Auseinandersetzung in den US-amerikanischen Netzen? Wisst ihr, wie in Brasilien gehatet wird? Oder in Saudi-Arabien? Ich kann euch sagen, da sind die Deutschen wirklich Waisenknaben dagegen. Oder Waisenmädchen, um es mal gender-gerecht zu formulieren, obwohl bei genauerem Hinsehen die überwiegende Mehrheit der Hater ja Männer sind. Wie ja auch die überwiegende Mehrheit der Gefängnisinsassen, Fußball-Hooligans und AfD-Abgeordneten, aber das nur am Rande. Erstaunlicherweise sind Frauen eines der Lieblingsthemen deutscher Hater, wenn die sich mal auf meine Seiten verirren. Ein besonders aufschlussreiches Beispiel dafür ist »Eric« (er heißt eigentlich anders), ein Typ, der auf meiner Seite öffentlich unter seinem echten Namen Folgendes schreibt:

Ihr nehmt uns die Freiheit weg.

>   Macht bei uns alles kaputt und bringt unsere Bürger um.

Vergewaltigt unsere Frauen.

>   Und ihr verdreckt unsere Straßen, wollt uns euren Glauben andrehen und baut hier viele Moscheen.

Ihr passt euch nicht an.

Ihr gehört in euer Land, um es da aufzubauen.

Viel Spaß dort, wir wollen euch hier nicht mehr haben.

Das ist so in etwa der Sermon, den es in Teilen oder komplett immer mal wieder zu hören gibt, wenn es um das Thema Flüchtlinge geht. Meistens bekomme ich das aber gar nicht ab, sondern das schreiben Deutsche untereinander, wenn sie darüber ein bisschen gackern wollen. Denn mehr als heiße Luft ist hier nicht dahinter. Das ist so ungefähr der Tiefgang von 95 Prozent der Hate-Kommentare. Nix groß dahinter. Er weiß weder etwas von mir noch von der Situation der Geflüchteten oder ihrer Herkunftsländer – noch interessiert ihn das. Und auch sein Engagement für »unsere Frauen« wirkt nicht gerade glaubhaft. Hier wurde einfach nur nachgeplappert, ich lese genau das ja immer wieder im ziemlich gleichen Wortlaut, fast so wie ein Glaubensbekenntnis. Die Reaktion der Frauen blieb dann im Übrigen nicht aus. Sie wehrten sich durch die Bank vehement gegen diesen Teil der Vorwürfe: »Warum sprechen die eigentlich immer von ›unseren Frauen‹? Bin ich als deutsche Frau etwa das Eigentum der deutschen Männer?«

Im Grunde ist die ganze Empörung darüber schon viel zu viel der Ehre, denn soweit ich das beurteilen kann, wollte da jemand einfach mal cool tun. Dabei ging es mit Sicherheit nicht um einen Austausch, noch nicht mal um Aufmerksamkeit, sondern einfach nur darum, mal jemandem ans

Bein zu pinkeln. Darum nenne ich das auch das »Kleine-Kläffer-Syndrom«. Ich schätze, das dürfte die Motivation hinter den meisten Hate-Speech-Postings sein: ein bisschen bellen und warum? Na, weil man es kann.

Es bedeutet jedenfalls nicht, dass einige dieser Leute nicht doch dazu fähig wären, in der Gruppe irgendwann loszuziehen und erst selber einen Brandbeschleuniger zu trinken und dann einen durch das Fenster einer Flüchtlingsunterkunft zu werfen. Einfach so. Weil man es kann. Ist ja leider schon zu oft geschehen. Aber so lässt sich nicht durch Ängste erklären. Oder gar durch »Ängste, die ernst genommen werden müssen«, wie das von einigen Politikern in Deutschland immer wieder behauptet wird – und da rede ich jetzt nicht nur von Politikern der AfD. Aber auch das ist in meinen Augen keine deutsche Besonderheit. Denn die überwiegenden Hate-Postings, die ich erhalte, stammen von Arabern.

Arabische Hater

Wenn die arabischen Trolle eine Sache mit den hiesigen Hatern gemeinsam haben, dann ist es derselbe geistige Flachgang. Ihre Aussagen haben ungefähr genauso wenig sachlichen Gehalt und sind genauso sinnfrei, auch wenn sie sich gegen andere Dinge richten. Besonders schön natürlich, wenn diejenigen, die so sehr hassen, selber im Glashaus sitzen. Ein Kommentar lautete:

»Bald ist in Syrien der Krieg vorbei, dann kannst Du Dic wieder verpissen mit den ganzen asozialen Flüchtlingen.« Ich schaue in sein Profil, ein schiitischer Iraker, und soweit ich erkennen kann, sind seine Eltern selbst mit ihm nach dem Irakkrieg nach Deutschland gekommen. Solche Sprüche kommen nicht selten von Migranten. Haben sie das von den Deutschen Hatern abgeguckt, ist das ihre Art, sich deutsch zu fühlen? Jedenfalls ist es kein seltenes Phänomen, auch in der zweiten Klasse der Gesellschaft gibt es eine Hackordnung, und wenn man nicht ganz unten landen will, dann hackt man eben tüchtig mit. Dann gibt es natürlich auch die politischen Kommentare, so tiefsinnig wie Luftpolsterfolie:

»Warum redest Du über Assad schlecht? Der ist doch gar nicht so schlecht, wie Du erzählst?« Das schreiben mir Syrer, die noch immer der Gehirnwäsche des heimischen Propagandafernsehens mehr vertrauen als den offensichtlichen Fakten, denn natürlich sind inzwischen Tausende Geflüchtete hier, die am eigenen Leib erlebt haben, wie schrecklich dieses Regime ist. Inklusive ich. Dennoch bekomme ich von Syrern, die ebenfalls nach Deutschland gekommen sind, genau solche Vorwürfe zu hören. Andere Araber beschweren sich:

»Ich hab gehört, Du glaubst nicht an Gott? Du bist ein feiger Abtrünniger. Du machst das ja nur, um zu zeigen, wie sehr Du integriert bist.« Das ist ein ähnliches Denken, oder eben nicht vorhandenes Denken, es ist eher ein Reflex, denn Glaubensabfall ist im Islam ein schweres Sakrileg, sogar sehr viel schlimmer als etwa einen anderen Glauben zu haben, wie den christlichen oder jüdischen, der ja weitestgehend respektiert wird. Aber Glaube ist in der muslimischen Welt ein öffentlicher Akt, nicht privat, das ist wirklich ein riesiger Unterschied. Denn es ist egal, was du im Herzen denkst, wichtig ist, wie du nach außen auftrittst. Hier in Deutschland denkt man genau umgekehrt, nämlich dass Glauben Privatsache ist. Denen schreibe ich dann so was:

»Sag mir, welcher ist besser: Jemand, der ungläubig und dennoch nett zu Dir ist, oder ein Moslem, der gemein zu Dir ist? Egal an wen ich glaube, das hat mit mir und Gott zu tun. Du solltest mich beurteilen danach, wie ich DICH behandle. Ich habe Dich nicht verletzt oder Dir irgendwas angetan, oder?« Aber witzigerweise beziehen sich die meisten Vorwürfe, die mir vor allem arabische Hater machen, auf mein Lippen-Piercing oder meine Tätowierungen.

Ja, ganz genau, ich habe da genauso geguckt wie ihr jetzt vermutlich. Offenbar wollen alle die heutigen Gesellschaftsprobleme über Mode lösen – wie bei der Kopftuchdebatte. Es ist schon verrückt: die paar deutschen Hater beschweren sich über meinen Terroristen-Bart, und die arabischen über mein Piercing. Angeblich ist das eine extreme Schande für die arabische Community, deren exponierter Vertreter ich ihrer Meinung nach hier in Deutschland bin. Immer wieder heißt es:

»Hast du dieses Piercing, um dich anzupassen, und hast du deine Ehre vergessen?«

Meine Standardantwort ist immer: »Das ist meine Zielvorrichtung, damit ich besser spucken kann.«

Meistens mache ich mir diese Mühe zu antworten aber gar nicht, denn Hater sind immun gegen Sarkasmus. So manche führen sich ja auch selber ad absurdum. Zum Beispiel folgen einige von denen, die mich wegen meines Piercings angreifen, begeistert ihrem absoluten Fußballstar von FC Barcelona, Lionel Messi, der auch voller Tattoos ist – aber als Argentinier ist das offenbar okay.

Fühlt es sich so an, wenn man als »unsere Frauen« bezeichnet wird? Man wird mal eben so vereinnahmt, so als würde ich gar nicht mehr mir gehören. Die zweite plausible Erklärung für viele der Hasskommentare: neben dem Kleine-Kläffer-Syndrom gibt es auch das Kleine-Dorf-Syndrom. Kleine Dörfer gibt es zwar auch in manchen Ecken in Deutschland, aber in Syrien zum Beispiel oder in Afghanistan leben noch sehr viel mehr Menschen in kleinen Dörfern. Auch wenn sie dort nicht mehr leben, haben sie diese Dorfmentalität behalten, und dort sieht es aus wie in einer Konservendose: alle ganz eng beieinander, und wehe, einer zappelt herum – vielleicht so ähnlich wie in der Berliner S-Bahn zur Rushhour.

Man muss sich das in einem solchen Dorf so vorstellen, dass dort alle mitbekommen, wenn du auch nur einen neuen Haarschnitt hast, und dann wird darüber geredet. Man versucht darum, sich so gut es geht anzupassen, bloß nichts Auffälliges. Glaube, Aussehen, Einstellungen – alles ist wie festzementiert, nicht nur auf, sondern im Kopf. Ich habe schon verstanden, dass es dabei gar nicht um mich geht. Sondern es geht um das Bild, das man von sich selber hat. Viele Araber sehen sich als Teil einer sehr einheitlichen Gruppe – eben wie in so einem Dorf. Immer dann, wenn diese scheinbare Einheitlichkeit Risse bekommt, dann entsteht große Verunsicherung und Angst – und wie ein Tier, das in die Enge getrieben wird, beißen die Betroffenen. In Deutschland habe ich ein tolles Sprichwort gelernt: »Getroffene Hunde bellen.« Und genau das passiert schon beim geringsten Anlass. Nicht nur, wenn sich Syrer vor laufender Kamera küssen.

Es gab einmal einen Bericht auf *Deutsche Welle Arabisch* über eine lesbische syrische Frau – in den Kommentaren brach die Hölle los, da wurden sogar Todesdrohungen ausgestoßen. Denn unbewusst ist diesen Leuten nämlich klar, was so ein kleiner Riss im eigenen Weltbild bedeuten kann: den totalen Zusammensturz. Das arabische Selbstwertgefühl ist sowieso schon ziemlich angeknackst, auch wenn das selten jemand zugeben will. Wovon angeknackst? Nun, die meisten Menschen in der arabischen Welt fühlen die unglaubliche Ohnmacht gegenüber dem Westen sehr deutlich. Wenn die NATO einen Konvoi in Afghanistan bombardieren will – dann tut sie es einfach. Sie muss niemanden und nichts fürchten. Außer vielleicht die heimische Presse. Wenn die Amis ein arabisches Land plattmachen wollen, dann passiert das. Und natürlich ist den Menschen auch klar, wie sehr sie in Wirklichkeit abgehängt sind. Ich glaube, darin liegt wohl der Grund für einen großen Teil dieser konservativen Aggression: die Stärke, Anderssein aushalten zu können, auch in den »eigenen Reihen«, muss man sich erst mal leisten können. Es geht nicht, wenn auf dem Konto der eigenen Bedeutung gähnende Leere herrscht und man ständig den Eindruck hat, herumgeschubst zu werden. Denn so ist es ja eigentlich auch: Die Mehrheit der Araber und eigentlich fast die gesamte arabische Welt ist Spielball viel größerer Mächte. Stolz, ein Araber zu sein, klingt vor allem nach viel Trotz. Das fördert nicht unbedingt die eigene Fähigkeit zur Toleranz.

Erklärt das vielleicht auch die Motivation vieler Neonazis in Deutschland? Die ist in meinen Augen nämlich ziemlich ähnlich. Typen, die stolz darauf sind, Deutscher zu sein, als würde es nichts anderes geben, worauf man stolz sein kann. Die Straßenguerilla-Künstlerin Barbara hat dazu mal ganz wunderbar ein Plakat unter einen rechtsextremen Aufkleber gehängt, auf dem geschrieben stand: »Als du das erste Mal selbstständig aufs Töpfchen gegangen bist, war das eine größere Leistung, als zufällig in irgendeinem Land geboren worden zu sein.«

Es gibt auch Leute, die sagen: »Ich bin stolz, Araber zu sein«, und dann versuchen, in ihrem Stammbaum irgendwie und über zehn Ecken einen Beweis für die Verwandtschaft mit dem Propheten zu finden. Das hat für mich denselben sinnlosen Dünkel, als wäre damit eine Art Adel verbunden. Bin ich stolz, Araber zu sein? Nein, eigentlich nicht, warum auch? Ich glaub schon, dass ich stolz drauf sein würde, Berliner zu sein. Weil die Stadt cool ist. Hier kann ich sein, wer ich bin, und es interessiert kein Schwein. Es ist unwichtig, warum ich ein Piercing oder ein Tattoo oder einen Bart habe. Hier laufen die verrücktesten Leute rum, viel verrückter als ich, da muss man einfach keine Angst haben. Aber ich wäre nicht stolz auf mich, sondern auf diese Stadt und die Menschen darin. Man ist nicht Berliner, so wie man Araber ist. Denn man kann ja beides gleichzeitig sein. Aber man kann eben nicht an zwei Orten geboren sein.

Ein bisschen stolz bin ich auf den Erfolg der Youtube-Reihe, des ersten Buches und meiner Arbeit – denn daran hatte ich eben wirklich einen Anteil. Auch wenn viel Zufall dabei war.

Wenn ich wirklich stolz bin auf irgendetwas, dann darauf, den schönsten Hund der Welt zu besitzen. Davon wissen die Hater im Netz natürlich nichts. Wenn man diesen Hass verstehen will, auch den der arabischen Hater, muss einem immer klar sein, dass es nichts mit einem selber zu tun hat, eigentlich nie, denn die kennen weder mich noch meinen Hund. Einer schrieb mir etwa:

»Ich wünschte, Du wärst im Mittelmeer ertrunken, Du bist eine Schande.« – Angriffsziel war erneut mein Piercing, dafür wünscht mir also jemand den Tod. Durch Ertrinken im Mittelmeer – wie es so vielen verzweifelten Flüchtlingen zugestoßen ist, weil alle anderen Wege nach Europa verrammelt worden sind. Der Hater hatte natürlich keine Ahnung, dass ich gar nicht über das Mittelmeer, sondern ganz legal mit dem Flieger nach Deutschland gekommen war. Aber das meine ich – es geht nicht um mich, überhaupt nicht, es geht nur um den Hater selber – so gesehen ist das quasi ein Hass-Selfie. Ein anderer schreibt mir:

»Was trägst Du Piercing? Hast Du Deine Kultur verkauft und folgst jetzt nur noch deutscher Kultur?« Als ich dann auf seinem eigenen Profil nachgeschaut habe, war das ein junger Kerl, der sich selber in zerrissenen Jeans auf Facebook präsentiert hat, mit ultra-westlichen Sneakers und modischem Hairstyling. Er sah aus wie ein Teenager aus einer Vorabendserie bei Pro7.

Und das ist dann der dritte Grund für Hate-Speech, und der ist wirklich universell: nämlich einfach purer Neid, der dann entsteht, wenn jemand etwas schafft, was man selber gern hätte. Warum der und nicht ich? Und dann wirft man wenigstens ein bisschen mit Dreck, so wie man sich selbst eben auch überall das Maul zerreißt über die menschlichen Macken der oberen Zehntausend, egal ob es nun Merkel ist oder Til Schweiger. Mit diesem Problem schlagen sich so ziemlich alle bekannten Persönlichkeiten herum, und da ich inzwischen auch nicht mehr ganz unbekannt bin, ist das bei mir nicht anders.

Wenn man mal die Hate-Kommentare ganz allgemein betrachtet, dann fällt auf: Die deutschen Hater schneiden ganz eindeutig als ziemlich zahme Kläffer ab. Selbst wenn sie mich anmachen (was sowieso seltener passiert als von der arabischen Seite), dann bin ich eben »Pack« oder »Sozialschmarotzer«, die man alle zurückschicken sollte. Das ist so ungefähr das Schlimmste, womit sie um sich werfen.

Dagegen habe ich vor Kurzem die Kommentare unter

Syrern über die Kämpfe um Ost-Ghouta in Damaskus mit verfolgt, eine der letzten Stützpunkte der Rebellen gegen Assad. In diesen Stadtvierteln leben Hunderttausende Zivilisten, und als die Regierung mit ihrer Großoffensive gegen die dortigen Rebellen begann, wurde die Situation zu einem zweiten Aleppo, nur noch schlimmer. Es gab Unmengen von getöteten Familien und eine schlimme Hungersnot. Hilfskonvois rückten an, doch die Regierung ließ ganz gezielt die Medikamentenlieferungen aussortieren, denn die könnten ja dem Feind in den Stadtvierteln in die Hände geraten. Das Resultat sah so aus, dass die zivilen Opfer der Granaten unsägliches Leiden erdulden mussten: Operationen waren nicht möglich, Wunden konnten nicht versorgt werden. Bomben fielen auf Krankenhäuser und Bäckereien, das volle Programm. Die Stadtviertel wurden von islamistischen Rebellengruppen verbissen verteidigt und letztendlich fast vollständig von Assads Armee eingenommen – was das für die Zivilisten bedeutet, kann sich kein Mensch hier wirklich vorstellen, mit Ausnahme einiger älterer Kriegsveteranen. Hier geht es mir jetzt nicht um Politik, sondern um die fröhlichen Kommentare im arabischen sozialen Netz. Da schreiben Syrer über die eingeschlossenen Menschen in diesen Stadtvierteln, die ebenfalls Syrer sind – haltet euch mal fest:

»Ghouta muss komplett verbrannt werden und aus den Kindern der Leute dort machen wir Shawarma!«

»Meine eigene Erziehung ist, dass ich kein Mitleid habe mit den Kindern dort. Hätte ich die Möglichkeit, würde ich die alle schlachten, mit meinen eigenen Händen.«

»Es gibt keine Unschuldigen in Ghouta – unsere Armee hat allen die Chance gegeben, da rauszugehen, mehrmals, und sie sind nicht gegangen. Also sind alle schuldig.«

»Gott verbrennt Ghouta komplett mit allen darin. Wir kommen zu euch und Gott beschützt unsere starke Armee und lässt sie gewinnen.«

»Dort ist ein Terroristen-Nest – die Menschen dort bekommen den Terror mit der Milch.«

Nun muss man dazu sagen, dass ein Teil dieser Kommentare aus staatlich bezahlten Cyberwar-Stellen kommt. Es gibt eben nicht nur den Krieg mit Granaten, sondern gleichzeitig läuft online eine Schlacht in den sozialen Medien. Auch dort gibt es natürlich genug Söldner, die für ein paar syrische Pfund alles schreiben, egal was. Es gibt Hunderttausende Fake-Accounts auf Facebook allein zu diesem Zweck, das ist ein offenes Geheimnis. Doch das erklärt nur einen Teil. Für die anderen Kommentare sind echte Menschen verantwortlich, die tatsächlich glauben, was sie da schreiben, oder es zumindest so aussehen lassen wollen, um ihre Loyalität dem Regime gegenüber zu demonstrieren.

Hate-Speech in der arabischen Online-Welt ist allgegenwärtig und wird in einem Ausmaß und mit einer Brutalität geführt, die in Deutschland so nicht zu finden ist – höchstens vielleicht vereinzelt in ein paar anonymen geschlossenen Gruppen (kleine Randbemerkung: Solche Kommentare werden von Facebook natürlich nicht gelöscht – solange sich niemand beschwert, ist ja alles gut).

Ich denke tatsächlich, dass sich hier auch die Präsenz

von Gewalt im Alltag widerspiegelt. Überall in den arabischen Ländern gibt es bewaffnete Konflikte, und die Angst, völlig unschuldig in einen hineingezogen zu werden, ist eine Grundstimmung. Und selbst, wenn man von einer Granate oder einer Sniper-Kugel verschont bleibt: Lehrer schlagen ihre Schüler, Mütter ihre Kinder, ältere Geschwister die jüngeren, und in fast allen arabischen Staaten wird gefoltert, und das im großen Maßstab – das hinterlässt Spuren. Was Polizisten in Ägypten, Jordanien oder Syrien mit dir machen dürfen, legitimiert diese Brutalität sozusagen – immerhin ist es das Mittel Nummer eins, mit dem regiert wird. Das prägt dann wiederum auch die Sprache in den sozialen Netzwerken. Wer nach Europa oder Deutschland flieht, der flieht auch vor einer Welt voller Gewalt.

Darum kann ich nur sagen: Die deutschen Hater hier, die amüsieren mich eher, als dass sie mir ernsthaft Sorgen bereiten. Ein Kleinunternehmer vom Land hat mal mit meinem Youtube-Kollegen Abdul von German Lifestyle online diskutiert und ihn dabei permanent beleidigt:

»Kein gutes Mädchen lässt sich mit so einem Typen wie Dir ein.« Dazu muss man sagen, dass Abdul Zahnmedizin studiert und aktiv in der SPD mitarbeitet. Er ist ein smarter Typ, bartlos und hat eine sympathische offene Art, die jeden, der ihn kennt, gleich für ihn einnimmt. Einige Frauen kommentierten darunter auch sofort:

»Hui, da bin ich aber gern ein böses Mädchen!«

Es wurde aber noch peinlicher, denn der Hater schickte Abdul nichtsahnend das erste Foto, das er über Google unter dem Stichwort »Flüchtling« finden konnte – ein Foto von mir – und schrieb dazu:

»Das hier ist bestimmt Deine Freundin.«

Abduls Antwort: »Nein, das ist guter Freund.« Denn klar, wir kennen uns persönlich, immerhin sind wir Kollegen auf Youtube.

Der Hater bringt seinen vermeintlichen Killerspruch:

»Ich wette mit Dir, dass der nicht arbeitet! Araber sind faules Gesindel.«

Gut, ich will jetzt nicht überheblich klingen, aber ich tippe mal drauf, dass wir beide – der Hater und ich – ziemlich ähnliche Einkünfte haben und Abdul vermutlich noch besser verdienen wird, sobald er in einer Praxis anfängt. So ging das dann weiter. Es war wie ein kleiner Hund, der Leute durch den Gartenzaun anklafft. Eher drollig als wirklich gefährlich. Aber auf die Dauer auch ziemlich langweilig, wie wenig Zündstoff dieser Mensch da zu bieten hatte.

Im Vergleich muss ich also wirklich sagen: Schön ist das zwar nicht, was in Deutschland an Hate-Speech im Netz kursiert – aber ich fange deswegen sicher nicht an zu gackern. Es ist aber auch nicht meine Aufgabe, mit denen zu diskutieren, denn das ist fast immer völlig sinnlos. Sie zu melden, bringt in den allermeisten Fällen ebenfalls nichts, ich habe es schon oft ausprobiert, ohne Erfolg. Immer wieder fragen mich Besucher auf meinen Lesungen, was man gegen Hate-Speech unternehmen soll, ganz besonders gegen Hasskommentare im Netz. Mein Vorschlag: Nix! Haters gonna hate – egal was du machst.

Piercing, kein Piercing. Moslem oder Atheist. Gute Inhalte oder Nonsens. Man kann nicht alle glücklich machen. Versuch mal, in einer Familie mit vier Leuten und einer Fernbedienung, es allen recht zu machen. Schon da klappt es nicht. So ist das online auch. Es gefällt dem einen, dem anderen nicht. Du kannst es nie allen recht machen. Und denk daran: Hate-Speech ist wie Bellen. Da geht es nicht um Diskussion. Und wenn jemand gegen Gesetze verstößt, Hetze oder Bedrohung von sich gibt, dann ist das die Sache der Polizei, nicht deine.

Darum mach lieber DEIN Ding, rede über DEINE Themen und lass nicht die Inhalte von denen bestimmen, denen es gar nicht um Inhalte geht, sondern nur darum, andere runterzumachen. Ich jedenfalls habe so viel Besseres zu tun. Meine Brötchen zu verdienen, zum Beispiel. Oder an meinen eigenen Vorurteilen zu arbeiten, denn man soll ja immer bei sich anfangen.

Israelis und Iraner

Und damit komme ich zu einem Punkt, über den es nicht leicht ist zu schreiben. Ich kannte diesen Hass, oder nennen wir es heftige Vorurteile, nämlich auch bei mir selbst. Wir sind durch die Propaganda der Assad-Regierung in Syrien von Kindheit an mit der Anweisung aufgewachsen, nie mit Israelis zu tun haben zu dürfen. Israel war der Feind. Dabei geht es hier übrigens nicht um die Juden als Volk, sondern um den israelischen Staat. Die Israelis waren deshalb unsere Feinde, weil sie seit Langem einen Teil unseres Landes besetzt halten, die Golan-Höhen. Der gehört nämlich eigentlich zu Syrien. Für uns war dieses Feindbild Teil des normalen Weltbildes und der Hauptgrund für die Existenz unserer Armee. Ich hatte das zwar nie besonders ernst genommen, aber es war eine Sache, die man nicht hinterfragt hat. Erst viel später, als ich dann erwachsen war und erlebt habe, wie die syrische Armee vor allem gegen die eigene Bevölkerung eingesetzt wurde, geriet mein Weltbild ins Wanken. Die Feindschaft gegen Israel war immer Teil der Propaganda gewesen, egal ob dieser Staat nun rechtswidrig die Palästinenser unterdrückt oder nicht – wirklich eingesetzt hat sich ein arabischer Staat für die angeblichen »Brüder« in Palästina nie. Vor Kurzem erst hat der saudische Prinz dem bisherigen Erzfeind Israel kurzerhand so eben mal das Recht auf einen eigenen Staat zugesprochen, kurz nachdem Donald Trump Jerusalem als Hauptstadt anerkannt hat – beides eigentlich heilige Kühe, die jahrzehntelang absolut unantastbar waren. Aber aus einer politischen Opportunität heraus wurden sie jetzt geschlachtet, um einen Partner für den eigentlichen Gegner der Saudis zu gewinnen: den Iran.

Doch was machen wir jetzt mit all der Indoktrination gegen Israel, die von Kindesbeinen an in unsere Köpfe gehämmert wurde? Am besten ab in die Toilette damit – für mich ist jeder Israeli, den ich kennenlerne, erst mal ein Mensch. Genauso wie ich mir das auch für mich selber wünsche, egal wem ich begegne. Und jeder Politiker, egal ob aus Deutschland, Russland, Iran, Syrien, Israel ist für mich zunächst einmal suspekt, und was er sagt, mit großer Vorsicht zu genießen. In meinen Kopf soll sich nie wieder irgendein Staat oder irgendeine Propaganda einnisten.

Wenn wir schon beim Iran sind – das wäre dann Nummer zwei der Vorurteilssuppe, die ich mir sogar selber eingebrockt habe. Durch den Krieg in Syrien haben wir Freiheitsaktivisten ein anderes Volk zu hassen gelernt: die Iraner. Denn das Regime in Teheran unterstützte den Diktator Assad mit militärischer Hilfe und dem Einsatz der Hisbollah aus dem Libanon, die in Syrien gegen die Rebellen zu Felde zogen. Schiitische Paramilitärs waren an den Kämpfen in Syrien beteiligt, einige der schlimmsten Menschenrechtsverletzungen, die ich mit eigenen Augen gesehen habe, gehen auf ihr Konto. Ich habe verweste Kinderleichen gesehen, mit Einschusslöchern im Bauch, ganze Familien hingeschlachtet im Niemandsland. Alles, was mit dem Iran zu tun hatte, war für mich unauslöschlich mit diesen Bildern und dem bestialischen Geruch der Toten verknüpft – und doch ...

Hier in Berlin gab es so etwas wie neutralen Boden. Es gibt eine richtige iranische Community: Studenten, Künstler und viele von ihnen sind ebenfalls vor dem eigenen Regime geflüchtet. Ziemlich ähnlich wie ich also. Andere pendeln ganz offiziell zwischen den Ländern. Ich habe richtig coole und kreative Menschen aus dem Iran kennengelernt, wie zum Beispiel DJ Moji, den ich in den Clubs hier getroffen habe. Oder einen Studienkollegen an der Filmhochschule in Potsdam, dessen Arbeit und ganze Art ich sehr mochte und der sehr talentiert ist, ein richtig guter Filmemacher. Durch solche Leute habe ich mich dann für Iraner wieder geöffnet. Viele Vorurteile wieder abgebaut. Inzwischen habe ich sehr gute Freunde aus dem Iran. Ich muss sagen – was ich an den Iranern am meisten mag: Unter Syrern findest du Tausende, die sehr gläubig sind, sehr fundamentalistisch, traditionell und eben auch intolerant. Unter den Iranern hier ist das eher selten. Ich musste also erst nach Berlin kommen, um coole Leute aus meinem ehemaligen Nachbarland zu treffen.

Aber natürlich bleibt das Problem in der Heimat bestehen. Darum kann ich vielleicht nie ein Foto mit Moji auf Facebook posten, denn er ist kein Flüchtling, sondern fliegt oft in den Iran, lebt aber hier mit einer deutschen Frau. Wenn ich ein solches Foto online stellen würde, dann bekäme ich Tausende Hasskommentare von Syrern, besonders von denen, die eigentlich mit zu den Freiheitsaktivisten gehören. Bei ihm ist es ähnlich, er müsste wahrscheinlich sogar mit Problemen in seiner Heimat für sich selber und für seine Familie rechnen. Machtpolitiker und Autokraten in unser beider Heimat opfern ihre Völker wie Schlachtvieh – und säen diesen Hass, einfach weil er ihnen für ihre Politik nutzt.

Gehört der Islam zu Deutschland?

In Deutschland gibt es das politische Spiel mit Feindbildern ja genauso, nur wird dabei mit etwas weicheren Bandagen gekämpft. Denn hier gilt das Grundgesetz, und die Verfassungsrichter sind unabhängig genug, um das immer wieder einzufordern, etwa bei Volksverhetzung. Zu der ich persönlich auch die Aussage des frisch angetretenen Heimatministers Seehofer zähle. Er begann seine Integrationsbemühungen nämlich im Frühjahr 2018 mit dem Satz: »Der Islam gehört nicht zu Deutschland.« Das ist eine etwas verschärfte Form der Debatte um die Leitkultur, die von derselben Partei aus Bayern erst ein Jahr vorher landauf, landab an den Rednermikrofonen geführt wurde. Nun sind die Muslime in Deutschland natürlich eine Minderheit. Sogar eine ziemlich kleine. In Syrien gibt es im Verhältnis ungefähr ähnlich viele Christen wie hier in Deutschland Muslime. Das hat dort aber nie jemand irgendwie infrage gestellt, also im Sinne von »Gehört das Christentum zu Syrien?« Warum sollte man auch? Immerhin zahlen sie genauso ihre Steuern wie alle anderen. Es mussten sich auch nicht alle genau der gleichen Kultur unterwerfen. Ich hatte Freunde in christlichen Schulen, die gingen dort auch am Freitag hin, obwohl das unser Sonntag ist und die Geschäfte geschlossen hatten. Ich selber war auf einer gemischten Schule, also es gab recht viel Christen, ungefähr so, wie es viele Muslime in manchen Schulen in Neukölln gibt. Wir bekamen dann vor und nach Ostern einen Tag frei an meiner Schule, da haben keine Eltern irgendwelche Bedenken gehabt. Alles null Problem. Christen tranken selbstverständlich auch Alkohol, da hat sich auch niemand groß dran gestört. Klar gehörte das Christentum zu Syrien. Immerhin ist es eine der drei Buchreligionen, genau wie das Judentum, und damit von Mohammed unter besonderen Schutz gestellt. Wo die Polizei stärker Probleme gemacht hat, war bei Heavy-Metal-Musik, das ging gar nicht, weil das als Satanistenmusik gilt. Was natürlich einfach nur dumm ist. Aber die vielen Konfessionen und Religionen gehörten trotz des muslimisch geprägten Lebens fest zum kulturellen Selbstverständnis.

Gehört also der Islam zu Deutschland oder nicht? Das Problem bei dieser Frage ist nicht, was man denn bitte unter »Islam« verstehen soll – das ist schon schwer genug, sondern welches »Deutschland« hier gemeint ist. In der Lesart von Minister Seehofer & Co ist Deutschland vor allem christlich geprägt. Darum müssen ja nun auch ab Sommer 2018 verpflichtend Kruzifixe im Eingangsbereich bayerischer Amtsstuben aufgehängt werden. Kann man ja machen, aber in meinen Augen ist das doch nur Wahlkampf auf Bayrisch.

Ich erlebe Deutschland aber nicht wirklich so durch und durch christlich. Historisch natürlich schon, denn klar stehen überall Kirchen, und als ich in Münster war, hab ich erlebt, wie für den Katholikentag sogar welche neu gebaut und alte restauriert wurden. Aber das war so ein bisschen wie der Bau der Stadien für die Fußball-WM in Südafrika, die jetzt wieder leer stehen. Ja, es gibt in Deutschland Ostereier und den Weihnachtsmann, und der freie Tag ist nicht am Freitag oder Samstag, sondern am Sonntag. Huiii.

Genau so stehen auch überall Burgen und Schlösser herum. Sagt doch aber auch keiner, dass die Feudalherrschaft oder das Kaisertum zu Deutschland gehören. Was zu Deutschland vor allem gehört, ist die Demokratie. Und die gibt es hier noch nicht sehr lange, eigentlich ist sie ein ziemlich junges Pflänzchen. Das, was im öffentlichen Leben, im Umgang miteinander, in den Gesetzen und in den Medien überall durchscheint, ist vor allem der Humanismus. Die Würde des Menschen ist im ersten Artikel des Grundgesetzes verankert, in der Tradition der Aufklärung. Ja, so was lernen wir im Integrationskurs ...

Das ist in Syrien ganz anders. Dort herrscht zwar offiziell eine strikte Trennung von Kirche und Staat, aber viele Gesetze sind direkt der Scharia entnommen, wie etwa das Erbrecht: Wenn du in Syrien zwei Töchter und einen Sohn hast, geht nach deinem Tod die Hälfte des Erbes an den Sohn und die andere Hälfte an die beiden Töchter. Denn im Islam erhalten Frauen beim Erbe immer die Hälfte von dem, was ein Mann bekommt. Auch wenn du Zeugen vor Gericht brauchst, dann brauchst du zwei Frauen, um einen Mann auszugleichen. Oder vier Frauen gegen zwei Männer. Das ist ungerecht und stammt ebenfalls aus dem Islam. Komisch ist, dass es tatsächlich Frauen gibt, die das gut finden, auf Facebook habe ich gelesen:

»Ich als Frau, wenn ich keine Unterstützung mehr habe – dann muss mich ja mein Bruder unterstützen. Also ist es nur gerecht, dass er auch mehr bekommt als ich, eben um mich im Notfall zu unterstützen.«– Komische Logik. Statt dass sie dafür sorgt, dass sie sich selber unterstützen kann.

Derart christlich inspirierte Gesetze sucht man im deutschen Recht aber doch vergeblich, hier wird von der Gleichheit und Brüderlichkeit und der allgemeinen Würde des Menschen ausgegangen. Darum sind hier Mann und Frau gleichgestellt, und Ehebruch ist keine Straftat. Wenn ich in eine christliche Kirche tappe und dort die Bibel aufschlage, steht da durchaus drin, dass Eltern ihre Kinder schlagen sollen, und in der christlichen Tradition war das auch ganz üblich. Trotzdem ist es heute per Gesetz verboten. Ich hatte es so verstanden, dass in Deutschland Religion an sich ganz explizit nichts mehr ist, was den Staat etwas angeht – auch wenn der neue Heimatminister das anders sieht. Wie mögen sich wohl die Leute ohne Kirchenzugehörigkeit fühlen? Viele aus den neuen Bundesländern wundern sich bestimmt auch, wie angeblich christlich geprägt sie denn sein sollen. Ich denke, die wurden von ganz anderen Dingen viel stärker geprägt.

Wenn man es mal außerhalb des Politikgeschehens betrachtet, dann gehört der Islam doch aber ganz genauso zu der bunten Lebenswelt hier, wie es etwa Yoga, McDonalds, Kaffee und Facebook tun, alles genauso wenig deutsche Kulturgüter. Die Welt ist so groß geworden, warum will jetzt jemand wieder so kleinlich werden? Muslime sind nach den Christen die zweithäufigste Gruppe an Gläubigen im Land, wenn man Atheisten mal ausnimmt. Muslime wurden außerdem schon immer von Deutschland eingeladen, wenn sie gebraucht wurden, nicht erst zum Bau des VW Käfers oder zur Arbeit in den Kohlebergwerken vor sechzig Jahren, sondern schon die Wehrmacht und die SS rekrutierten ab 1941 Zehntausende Muslime. Muslimische Soldaten wurden an allen Fronten eingesetzt, Himmler fand ihre Religion sogar ganz hervorragend geeignet für den Einsatz auf dem Schlachtfeld. Sie kämpften in Stalingrad, Warschau und sogar bei der Verteidigung Berlins, hatten ihre eigenen Regimenter und Imame, ganz genauso wie es ja auch christliche Regimentspfarrer gab, und nach dem Zusammenbruch des Dritten Reiches gründeten sie die ersten islamischen Gemeinden in der Bundesrepublik. Heute stehen Muslime oft da, als wären sie ein völlig neuer Fremdkörper in Deutschland, doch das ist einfach nicht wahr – es gibt sie schon eine ganze Weile. Und wenn zur Anerkennung hier bei allem eine tausendjährige Tradition nötig ist – was machen wir dann mit den Vegetariern?

Ich bin kein Islam-Verteidiger. Und ich will ganz sicher nicht in einem Land mit Scharia leben. Aber auch nicht in einem Land, in dem mir ein Kruzifix aufgezwungen wird. Und schon gar nicht dann, wenn gleichzeitig Anschläge auf Moscheen verübt werden. Wenn trotz solcher Vorfälle jemand so einen Satz sagt wie dieser CSU-Politiker, dann ist das auch ein bisschen Push für Hate, oder? Lest mal diese beiden Sätze hier direkt hintereinander laut vor, einfach so zum Spaß:

»2017 gab es sechzig Anschläge auf Moscheen. (kleine Pause) Der Islam gehört nicht zu Deutschland.«

Wie klingt das? Ich glaube, so einen Satz kann man nur aus einem Grund sagen: Wenn man sich daraus einen politischen Vorteil erhofft, und alles andere einem egal ist – immerhin wählen Muslime nicht unbedingt CSU, man vergibt sich da nicht viel. Das war schon immer so, wenn sich Politiker mit Religion beschäftigt haben. Ich glaube jedenfalls nicht, dass damit die konservativen Parteien die Wähler der Rechten zurückgewinnen werden. Im Gegenteil, hinterher wird sich die AfD auf die Schulter klopfen und sagen, dass es ohne sie diese Entwicklung nicht gegeben hätte. Die Rechtspopulisten profitieren von zwei Dingen: von Ängsten in der Bevölkerung und von der Dummheit in der Politik.

Rechtsaußen

Und das bringt mich zu einer ganz bestimmten Gruppe: die waschechten Populisten deutscher Prägung. Wie die deutschen Hater sind auch sie keine ernsthafte Konkurrenz zu den Tyrannen und Despoten in meiner Heimat, was Ausmaß und Kaltblütigkeit angeht, dennoch ist ihr Umgang mit dem Hass ein anderer als der des landläufigen Kläffers. Ich kann mir einfach nicht vorstellen, dass diese Populisten ähnlich beschränkt und uninformiert sind wie der gewöhnliche Facebook-Troll. Sie wissen ziemlich genau, was sie tun, denn sie nutzen und schüren Hass und Zwietracht professionell. Das bringt sie auf eine Stufe mit den Verführern arabischer Prägung, die immer genau das getan haben, um ihre Macht zu sichern. Es ist ein Unterschied, ob man ein Brett vor dem Kopf hat oder nur so tut. Moralisch gesehen, meine ich.

»Jan, gehört die AfD zu Deutschland?«

»Nicht zu dem Deutschland der großen Mehrheit!«

Ich habe ja von den Kämpfen in Ost-Ghouta geschrieben, diese Tragödie fand statt im Frühjahr 2018 – und just zur selben Zeit, als dort die Granaten in Wohnhäuser einschlugen, machte sich eine Gruppe von Bundes- und Landtagsabgeordneten aus Deutschland auf den Weg nach Syrien, um sich dort über die Sicherheitslage und Rückkehrperspektiven syrischer Flüchtlinge zu informieren. Dabei handelte es sich allesamt um Mitglieder der AfD, und angeblich waren sie dort nur ganz privat unterwegs. Sie gingen aber keineswegs zum Sonnenbaden nach Latakia an den schönen Strand, sondern direkt ins Zentrum der Macht, nach Damaskus. Und während nur wenige Kilometer entfernt Krieg geführt wird, twitterten diese demokratisch gewählten Politiker fröhlich vor sich hin, wie sicher es doch jetzt in Syrien sei. Dann treffen sie – obwohl ja ganz privat unterwegs – hochrangige Vertreter wie den Minister für nationale Versöhnung, Ali Haida, und gleich darauf auch den syrischen Großmufti – ja genau, den, der auch Todesurteile für Assad unterzeichnet. Er gehört dann aber zu den Religionsvertretern, die nach Meinung der AfD-Reisegruppe »über jeden Zweifel erhaben« seien. Interessant.

Fotos wurden auf Twitter gepostet von Jeans tragenden Frauen, von unzerstörten Straßen in Damaskus, und alles wurde so dargestellt, als wären das Bilder, die in Deutschland nicht gezeigt würden. Das ist ungefähr so, wie wenn man nach Nordkorea fliegt, mit Regierungsvertretern in ein Café geht und dann twittert, wie freundlich doch die Menschen, die man dort trifft, lächeln – so schlimm könne dieser Kim Jong-Un doch also gar nicht sein.

Die AfD-Touristen zitierten dann auch sowohl den Mufti als auch die Politiker des Assad-Regimes mit der Forderung, dass die Geflüchteten doch bitte aus Deutschland nach Syrien zurückkehren sollen, man bräuchte jeden Mann für den Wiederaufbau. Ein Satz, der wie die Faust aufs Auge zur Meinung ihrer heimatlichen Fans passt, die Geflüchteten wie mir vorwerfen, ich wäre ein Feigling, mein Land einfach so im Stich zu lassen, und ich solle bloß gleich zurückgehen, um dort entweder zu kämpfen oder es wieder mit aufzubauen. Ein Land, das durch Assads Bombardements auf die eigene Bevölkerung in Schutt und Asche gelegt wurde – Asche, bis zu der es die Reisegruppe nicht geschafft hat, die aber ich jetzt bitte schön wegräumen soll, nachdem ich in seinen Kerkern fast zu Tode gefoltert wurde? Zynischer geht es kaum. Ich habe diese Bomben fallen gesehen, denn anders als die AfD-Politiker war ich dort, wo das Regime ohne Rücksicht auf Verluste gegen die sogenannten Terroristen gekämpft hat. Diese Politiker waren natürlich auch in keinem einzigen Gefängnis, ich aber schon. Das Ziel der

Reise dieser Politiker war in Wirklichkeit reine Provokation. Auf Twitter hieß es:

»Während sogenannte ›syrische Flüchtlinge‹ aus Homs auf Kosten des deutschen Steuerzahlers in Berlin Kaffee trinken, trinken wir auf eigene Kosten in Homs Kaffee.« Wow! Ein Mann, der dem deutschen Steuerzahler nicht zur Last fällt? Nun, sein Gehalt als Landtagsabgeordneter von 9.500 Euro monatlich, mit dem er seinen Kaffee bezahlt hat, stammt also nicht aus Steuergeldern? Da muss ich wohl was falsch verstanden haben. Oh und ... wenn ich es recht bedenke, stammt ein Teil davon sogar von mir, denn obwohl ich in Deutschland weder wählen noch sonst allzu viel tun darf – Steuern zahlen muss ich natürlich trotzdem, ganz klar.

Jedenfalls ist diese »ganz private« Reise eine kleine Propagandashow für das Assad-Regime gewesen – und eine Roadshow mit »Beweisen« für die Reden der AfD von den faulen Sozialschmarotzern aus Syrien, die sich in Deutschland ein angenehmes Leben machen. Ja nee, is klar. Irgendwoher müssen die Facebook-Trolle ja ihre Vorurteile haben. Also liebe syrienreisende Privatleute, das ist jetzt nicht mehr mit Unkenntnis zu entschuldigen – hier wurde ganz bewusst darauf gesetzt, mit einem Diktator erster Güte gemeinsame Sache zu machen, weil es den eigenen Interessen dient. Dadurch wurden seine Opfer ebenso gering geschätzt, wie der Machthaber selber es tut. Es ist erbärmlich leicht zu durchschauen – außer von denen, die genau das hören wollen.

Wie zu erwarten, häuften sich kurz nach dieser Reise die Nachrichten der Kläffer in meinem Postfach – mit dem immer gleichen Inhalt: »Syrien ist doch sicher – wann gehen du und dein Pack zurück zum Wiederaufbau?« Ich will ihnen am liebsten sagen: »Leute, ich bin eigentlich kein Bauarbeiter.« Aber ich lasse es sein, denn es ist sinnlos. Aber die Aktion dieser Politiker trägt Früchte, und diese Früchte heißen Hass und Gewalt auf der einen Seite und auf der Seite der Geflüchteten Angst. Als Politiker weiß man, welche Dinge man mit Worten auslösen kann.

Unter den geflüchteten Syrern hier blieb das natürlich nicht ohne Wirkung. Mein Youtube-Freund Abdul Abasi von *German Lifestyle* fasste es in einem Facebook-Post ziemlich gut zusammen, so wie ihm geht es nach dieser Aktion vielen Menschen aus Syrien, die nach Deutschland geflüchtet sind:

»Im Sommer 2012 habe ich einen Freund verloren. Das syrische Regime hat ihn festgenommen, gefoltert und getötet, weil er für die Freiheit und Demokratie in Syrien demonstriert hat. Ich habe ihn damals vor seiner Verhaftung gefragt, warum er das macht, warum riskiert er sein Leben? Er sagte mir: »Warum dürfen die westlichen Länder Demokratie und Freiheit haben, aber wir nicht? Warum darf ich nicht wie in Europa meine Meinung frei sagen?« Als ich heute den Besuch der AfD in Damaskus gesehen habe, hab ich wieder das Gefühl bekommen, das ich seit fünf Jahren nicht mehr hatte. Das gleiche Gefühl, das dort durch die Bomben, durch die Militärflugzeuge und durch das Töten von meinen Freunden ausgelöst wurde. Dieses Gefühl heißt

Unsicherheit, und es hat sehr lange gedauert, bis ich dieses Gefühl vergessen habe. Aber gerade fühle mich wieder unsicher, und wo? In Deutschland.« Unsicher deshalb, weil eine Partei, die Propaganda für einen Kriegsverbrecher macht, so viele Anhänger hat, dass sie im Bundestag sitzen kann.

Terroristen

Wenn wir über Hass reden, darf ein Stichwort nicht fehlen, und zwar das Schreckgespenst des 21. Jahrhunderts: der Terrorist. Ein wirklich spannendes Wesen, denn jeder scheint darunter ein bisschen was anderes zu verstehen. In Diktaturen wie der in Syrien sind alle Staatsfeinde automatisch Terroristen. Egal, ob es demokratische Freiheitsaktivisten sind, wie ich es einer war, oder Hardcore-Fundamentalisten wie die Al-Quaida-Ableger oder die Daesh-Kämpfer (IS), die auch ich für gefährliche Extremisten und Verbrecher halte. Ich bekomme regelmäßig von Assad-Anhängern Kommentare an den Kopf geworfen, dass ich ein Terrorist sei. Sogar der Mann meiner Tante hatte mich so genannt, denn das ist die Assad-Propaganda, die per Satellit auch in syrische Haushalte in Deutschland gelangt.

Das kann man so durchbuchstabieren für ziemlich alle Autokraten – für Erdogan in der Türkei sind es eben alle Feinde seiner Politik, dazu gehören nicht nur die Kurden der PKK, sondern auch Journalisten oder NGO-Mitarbeiter aus dem Ausland. Für Russland gelten alle Gegner der russischen Außenpolitik als Terroristen, wie zum Beispiel die ukrainische Regierung in der Ukraine-Krise, die alle als Terroristen tituliert werden. Für Amerika sind Terroristen alle – meist muslimische – Feinde der Vereinigten Staaten, die mit feigen Anschlägen die Nation attackieren.

In Deutschland ist das ein bisschen anders, denn hier herrscht keine Autokratie, sondern die Boulevardpresse. Ein Terrorist ist in der Vorstellung vieler besorgter Bürger eine Art bärtiger, dunkelhäutiger kleiner Teufel mit arabischem Pass, den er gerne am Schauplatz seiner Bluttaten zurücklässt; archaische Islamisten, die heimlich als Flüchtlinge getarnt eingereist sind, um den liberalen Lebensstil hier, den sie als Gotteslästerung empfinden, wegzubomben. Insgesamt ist »Terrorist« also so eine Art Modewort, man kann es sich formen wie einen Kaugummi und damit dann Politik machen oder Zeitungen verkaufen. Ich habe noch nie einen waschechten Terroristen nach deutscher Vorstellung getroffen, sehr wohl aber einige islamistische Fundamentalisten in Syrien – immerhin befand ich mich eine kurze Zeit lang in ihrer Gefangenschaft. Dort waren sie hinter den Linien der eigentlichen Kämpfe zwischen der Freien Syrischen Armee und Assads Truppen aus dem Boden geschossen wie Unkraut. Sie waren aber nicht zwangsläufig auch Dschihadisten. Darum fällt es mir schwer, zur Situation hier verlässliche Auskunft zu geben. Ich kann nur lesen, was jeder aufmerksame Deutsche ebenfalls in den Medien findet, und die Liste aller Vorkommnisse in Deutschland auf Wikipedia durchgehen. Da finde ich dann, dass die islamistischen Terroranschläge in Deutschland üblicherweise nicht stattfinden. Weil sie nämlich von Polizei und Staatsschutz verhindert werden – bis auf einen bisher. Die Täter stammen, soweit ich sehe, oft aus der deutschen Salafistenszene, viele sind deutsche Konvertiten oder Deutschtürken. Sie haben fast alle einen deutschen Pass, sind Migranten oder sogar Biodeutsche, neben Abdelkarim, Kadir oder Rafik heißen diese Personen auch Eric, Marco und Philipp. Der erste und bisher einzige Anschlag mit zivilen Toten ist der Laster, der 2016 in den Weihnachtsmarkt in Berlin raste, am Steuer der tunesische Drogendealer und -konsument Anis Amri, ein kaputter Typ, der in Italien im Knast war und sich dann in Deutschland in der Salafistenszene radikalisiert hatte. Es ist der einzige wirklich ausgeführte Terroranschlag – und natürlich ist es ein Anschlag zu viel, das Leid, das er verursacht hat, ist furchtbar und eine Tragödie, aber ich habe die Reaktion darauf als zum Teil völlig kopflos erlebt, die Bundeskanzlerin wurde sofort von allen möglichen Politikern für ihre angeblich »unkontrollierte Grenzöffnung« attackiert.

Es gibt auch noch eine andere Gefahr: Die deutschen Dschihad-Kämpfer, die in die IS-Gebiete gereist sind, um dort zu kämpfen, und von denen dann circa ein Drittel zurückgekehrt ist. Wir reden da nicht von Flüchtlingen, sondern von Heimkehrern. Keine Grenzkontrolle hält die auf, auch wenn sie beobachtet werden, aber das ist natürlich nur sehr lückenhaft möglich. Das sind Leute von hier, die auf einer Art Kreuzzug für ein utopisches Paradies losgezogen sind, ein irdisches Paradies – inklusive Jungfrauen, die sie in dem Fall schon dort zur Verfügung gestellt bekamen, denn der IS hat auch Frauen angeworben, die am Dschihad als treue Partnerinnen der Kämpfer teilgenommen haben –, und vor Ort wiederum wurden zusätzlich die Frauen einiger Minderheiten in den eroberten Gebieten versklavt. Jedenfalls kommen diese Kämpfer jetzt enttäuscht zurück – der IS ist ja inzwischen quasi besiegt. Also vor denen habe ich eher Angst. Dennoch sind weder sie noch die Salafisten an sich Terroristen. Mit den Menschen, die aus den Kriegsgebieten hierher geflüchtet sind, verbindet sie im Grunde überhaupt nichts, auch wenn sie versuchen, unter ihnen für ihren Verein Werbung zu machen. Ich finde jedes Attentat grauenhaft, bitte versteht mich nicht falsch. Aber die Terrorismusgefahr ist eben auch eine Worthülse, die für alle möglichen politischen Forderungen missbraucht wird, wie zum Beispiel der Hetze gegen Flüchtlinge – und das ist wirklich die falsche Gruppe. Keine Flüchtlings-Zuzugsbegrenzung hätte gegen Terrorismus irgendeine Wirkung gehabt – denn es sind überwiegend »heimische« Täter. Die waren ja schon hier, viele schon immer, der einzige nachweisbare Terrorist, der als anerkannter Flüchtling nach Deutschland kam, war bisher der Syrer Dschaber Al-Bakr, aber der ist gescheitert, denn den haben kurzerhand drei andere Geflüchtete überwältigt und der Polizei übergeben, bevor er etwas anstellen konnte. Dennoch schreiben Zeitungen so etwas wie: »Unter ihnen (den Geflüchteten) gibt es gewiss einige hundert, vielleicht tausend Terroristen.« Keine

Ahnung, woher diese Gewissheit oder diese Zahl stammt, es ist keine Quelle angegeben. Hat ein Redakteur dieser Zeitung an der Grenze einen Ankreuztest durchgeführt, wie das auf US-Flughäfen der Fall ist? »Kreuzen Sie an Ja/Nein – Haben Sie vor, in den Vereinigten Staaten einen terroristischen Anschlag zu begehen?« (Das gibt es dort wirklich.)

Also diese angeblich tausend Terroristen unter den Flüchtlingen sind ein gedankenlos übernommenes Vorurteil und zwar ein verdammt gefährliches. Die bisherigen echten Fälle sprechen für mich einfach eine andere Sprache. Und das Beste, was man gegen Terrorismus tun kann, wäre doch, die Menschen in die Prävention einzubinden, die möglicherweise einen Zugang zu solchen Verrückten haben. Vor allem also Muslime, wenn man auf Islamisten zielt. Und Salafisten-Aussteiger, wenn man die hiesige Szene beobachten will. Und die Syrer, die schon bewiesen haben, dass sie Courage haben.

Ich selber habe nach dem Laster-Attentat in Berlin eine ganz wunderbare Sache erleben dürfen, nämlich wie die Menschen hier damit umgegangen sind: Trauer ja – Angst nein. Und Hass schon gar nicht. Stattdessen sind am nächsten Tag Leute demonstrativ auf die Weihnachtsmärkte gegangen, gerade jetzt, und haben unerschrocken gezeigt: »Ihr macht uns keine Angst!« Okay, im Berliner Original hieß die Botschaft eher: »Ihr macht uns keine Angst, IHR PENNER!« Jedenfalls war das eine so starke Botschaft, so ein unglaublicher Mut, dass ich unbedingt unter ihnen sein musste – ich liebe Demos ja sowieso –, und ich fühlte mich so eng verbunden mit dieser großartigen Stadt, mit diesen so unterschiedlichen Menschen, die aber dennoch zusammenstehen, wenn es drauf ankommt. Alles Helden, in meinen Augen. Leute, ich kann es nur immer wieder sagen: Berlin, ick liebe dir!!!

Flüchtlinge

Nun haben wir über Angst und Hass gesprochen, und ihr wisst ja: Die meisten Leute, die einem Angst machen, wollen etwas verkaufen oder gewählt werden. Doch ich werde bei meinen Auftritten auch oft um eine sachliche persönliche Einschätzung gebeten. Wie stellt sich also die Situation mit Islam, Flüchtlingen und Integration für jemanden auf der Seite der Betroffenen dar? Für die Eiligen hier die kurze Version: entspannt. Jetzt die längere Version:

Weder steht Deutschland am Rande einer Welle terroristischer Bluttaten quer durch die Republik, dazu sind die hiesigen Geheimdienste und die Polizei viel zu gut vernetzt und die potenziellen Täter viel zu wenige. Genauso wenig dämmert die Islamisierung des Abendlandes heran – es sei denn man fürchtet sich vor Kalendern mit Datteln statt Schokolade. Die größte Gefahr geht derzeit von einem amerikanischen Präsidenten mit einem großen roten Knopf aus, der völlig unkontrolliert in der Weltpolitik herumfuchtelt. Der Mann ist eine tickende Zeitbombe und sollte doch nun wirklich jedem klargemacht haben, wozu Populisten fähig sind, wenn sie mal an die Macht kommen. Dennoch werden sie auch in Europa gewählt – sogar in Parlamente oder sogar in die Regierung, siehe Ungarn und Polen. Wenn Trump seine Drohungen gegen Russland wahr macht und es dann dumm läuft – niemand kann vorhersehen, was dann geschehen wird. Den Handelskrieg mit China und Europa hat er ja schon eröffnet. Und im Nahen Osten stolziert er herum wie ein Pfau unter Spatzen. Saudi-Arabien erklärt:

»Wir sind bereit, den Iran in zehn Minuten zu zerstören, wir haben die Waffen.«

Kommt der Iran und meint: »Wir können das in fünf Minuten.«

Kommt Israel und meint: »Wir schaffen das in drei Minuten.«

Das nervt – und dann kommt Trump und holt seinen dicken roten Knopf raus. Wie im Kindergarten. Ich traue ihm alles zu, auch einen neuen Krieg. Wisst ihr, wie viele der US-Präsidenten der letzten hundert Jahre Krieg geführt haben? Ganz einfach: alle! Und Krieg bedeutet vor allem eines: noch viel mehr von diesen bösen Flüchtlingen.

Selbst wenn es bei den aktuellen Kriegen bleibt, wird sich die Menge der Geflüchteten nicht sonderlich ändern, nur werden einfach weniger aufgenommen. Das ist keine ökonomische, sondern eine politische Entscheidung, denn ganz ehrlich: Deutschlands Wirtschaft ist die fünftstärkste der Welt. Die Deutschen stehen nicht am Rande des Ruins, auch nicht durch die Geflüchteten, die ja zum Teil selber

Geld erwirtschaften. Dieser Teil wird übrigens immer größer – ich gehöre auch schon dazu.

Im Gegenteil haben gerade wieder Fachleute die Prognosen für das Wirtschaftswachstum in Deutschland noch einmal angehoben. Wenn Abgeordnete mit 9.500 Euro monatlich dennoch solche Sprüche klopfen, von wegen Kaffee oder sozialer Hängematte, dann ist das eben ... na? Ganz genau: politisch, nicht ökonomisch.

Die »drohende Islamisierung« oder »Überfremdung« ist für mich ebenfalls eindeutig Kinderschreck-Gefasel. Ich habe einige der Sprüche auf den Transparenten der Pegida in München gelesen. Die zittern schon bei der Vorstellung eines muslimischen Feiertages oder dem Bau einer Moschee. Ich brauche zwar keinen neuen Feiertag, aber selbst wenn es so etwas gäbe, also zum Beispiel das Zuckerfest – na und? Was haben die Menschen denn gegen Feiertage? Auch bei den christlichen ist es doch meistens einfach ein arbeitsfreier Tag für fast alle Deutschen – oder wird an Fronleichnam wirklich besinnliche Einkehr gehalten? Wisst ihr überhaupt, worum es da geht? Ich nicht. Ich weiß nur, was an Ostern gefeiert wird: der magische Osterhase! Oder so ähnlich.

Im muslimisch geprägten Syrien gibt es drei christliche Feiertage: Weihnachten, Ostern und dann noch mal das orthodoxe Ostern. Da haben alle frei, nicht nur die Christen. Und das in einem Land, in dem der Muezzin häufiger zum Gebet ruft als in Deutschland die Kirchenglocken zum Gottesdienst. In Ägypten ist es dann das orthodoxe Weihnachten am 7. Januar, auch das ist dort offiziell ein Festtag. Im Land mit den meisten Muslimen überhaupt, in Indonesien, ist ausgerechnet Christi Himmelfahrt ein gesetzlicher Feiertag, genau wie im Libanon. Weihnachten am 24. Dezember ist ein fest verankerter Feiertag im Irak. In meinem Stadtviertel in Damaskus gibt es nicht gerade wenig Kirchen, teilweise stehen sie direkt neben den Moscheen, und ich hatte eigentlich nie das Gefühl, irgendwie überfremdet zu sein.

Durch die Geflüchteten der letzten Jahre ändert sich jedenfalls der Anteil der Muslime nicht spürbar. Es sind immer noch gerade mal sechs Prozent. Ich denke, die schlimmsten Dinge, mit denen man hier rechnen muss, sind Glückwünsche der Kanzlerin zum Ramadan, Sport-Kopftücher von Adidas und Kondome mit Hummusgeschmack. Oh, sorry, gibt es ja alles schon.

Integration

Neulich habe ich was ganz Verrücktes erlebt. Im Club in Berlin traf ich eine junge Frau, die in einer Ecke saß und weinte. Ich fragte sie, was los sei. Sie erklärte:

»Der Taxifahrer hat mich aus dem Taxi geworfen.« Au Backe, dachte ich, was muss man anstellen, um aus einem Taxi geworfen zu werden? Sie sah weder drogensüchtig noch irgendwie krawallig aus, sie war einfach eine hübsche nette junge Frau.

»Warum um alles in der Welt denn das?«

»Na, ich hab ihm gesagt, dass ich aus Schwaben komme.«

Leute, das ist nicht erfunden, das erzählen mir auch andere Bekannte, dass sie in Berlin lieber nicht sagen, wenn sie aus Schwaben kommen. Wenn man hier schon als Schwabe so mies behandelt wird, dann müssen wir Geflüchteten ja echt dankbar sein, dass wir bisher überhaupt so lange ertragen wurden. Lokalpatriotismus klang für mich bisher eigentlich nach Trachtenverein. Aber jetzt mal ehrlich, sollen sich jetzt auch noch die Schwaben in Berlin integrieren? Welches Problem haben die Menschen bloß mit Leuten, die weiter weg geboren sind als da, wo sie hinspucken können?

Ich mag ja das Wort »Integration« nicht wirklich. Das ist auch so ein Kaugummiwort. Jeder versteht darunter etwas anderes, und häufig leider: »Die sollen sich hier gefälligst anpassen!« Aber es gibt kein Gesetz, welches das fordert oder definiert. Nein, ich muss mich nicht anpassen, ich darf hier weiter einen Rock tragen, wenn ich Schotte bin; ein Kopftuch, wenn ich Moslem bin oder Nonne; eine Kippa, wenn ich Jude bin, und ich darf selbstverständlich auch mitten am Tag im Park einen Gebetsteppich ausrollen und dort beten oder meinen schwulen Partner küssen oder schwäbische Maultaschen futtern, oder sogar alles drei – aber vielleicht nicht gerade gleichzeitig. Gerade das macht Deutschland doch aus. Die Freiheit, sich eben nicht anpassen zu müssen. Dass jeder Mensch in einem Land die Gesetze zu respektieren hat, das ist selbstverständlich – aber das ist

Sache der Polizei, das zu regeln, und nicht der Pegida-Demonstranten. Deren Sprüche klingen eher so wie die Aufregung meiner Landsleute wegen meines Piercings, das ist denen dann wieder zu viel der Anpassung. Darüber dürfen sie aber von mir aus schimpfen, genauso wie die Pegida-Leute, denn auch das bedeutet Freiheit. Und für mich bedeutet es: Wenn ich es vermeiden kann, rede ich weder über das eine noch über das andere, sondern darüber, was mir wichtig erscheint. Nämlich wie schnell die Geflüchteten steuerpflichtige Arbeit aufnehmen werden, wie schnell sie gut genug Deutsch sprechen, um die Steuerbescheide zu verstehen (nie!) und wie viele von ihnen Deutschland vermutlich wieder verlassen werden, ohne dass man sie dazu zwingt.

Es gibt in meiner Wahrnehmung unter den Geflüchteten zwei große Gruppen: diejenigen, die für sich hier eine Zukunft sehen, und diejenigen, die das nicht tun. Das ist ja auch ganz normal: Wir reden nicht von Einwanderern, sondern von Menschen, die vertrieben wurden. Die nicht freiwillig hier gelandet sind. Natürlich will ein Teil davon gar nicht hierbleiben. Das war nie ihr Ziel. Die Alternative war nur weniger schlimm, als in der Heimat zu sterben. Oder in Griechenland im Schlamm eine Lungenentzündung zu bekommen. Stellt euch doch einmal vor, ihr müsstet aus Deutschland zu den Eskimos fliehen. Vielleicht weil der nächste Grippevirus 100 Prozent antibiotikaresistent ist und man nur durch Flucht in die Kälte der Ansteckung entgeht. Nach einer harten Reise über das Packeis steckt man euch dann im Norden Grönlands oder Kanadas in einen Erstaufnahme-Iglu. Da würde dann doch sicher auch nur ein sehr kleiner Anteil der Geflohenen sagen:

»Hey wie klasse, ich ... klacker, klacker ... ich liebe Kälte und Seehundlebertran, das war schon immer mein Lieblingsgetränk. Zwanzig Ausdrücke für Schnee? Ach, die lerne ich schon irgendwann. Gelber Schnee ist bäh, richtig? Äh ... wie jetzt, Frauentausch? Ist das hier so üblich? Na ja, also haha, ja klar, warum nicht?«

Seid ehrlich: Vermutlich würde der größte Teil der Deutschen stattdessen dem geliebten dunklen Brot hinterhertrauern. Und sehnlichst darauf warten, wann es endlich wieder zurück in die Heimat geht. Oder jedenfalls irgendwohin ins Warme, wo man Bier zu Ende brauen kann, bevor es gefriert. Nun, so ähnlich fühlt sich die Situation für einen Teil der Geflüchteten hier an.

Es gibt zum Beispiel unter den Syrern, die nach Deutschland gekommen sind, viele sehr religiöse Vertreter, die wirklich sehr konservativ sind. Auf der Seite einer syrischen Facebook-Gruppe mit über 200.000 Mitgliedern (davon fast alle Syrer, die in Deutschland leben) kann man viele ultrareligiöse Kommentare lesen. Und auch sehr engstirnige. Da stellt zum Beispiel jemand die Frage:

»Ich habe eine Deutsche kennengelernt und will sie heiraten. Nach wie vielen Jahren bekomme ich einen Pass?« Dann kommen zig böse Kommentare in dieser Art: »Du A****loch, wieso heiratest Du keine gläubige Syrerin, sondern eine Ungläubige, nur wegen Pass.« Solche Hasskommentare erinnern mich an all die anderen Trolle im Internet. Ich denke nicht, dass eine solche Gruppe die Mehrheit der Syrer repräsentiert, aber es gibt viele davon. Ich habe auch nicht den Eindruck, dass diese Menschen sich hier »anpassen« wollen. Im Grunde wollen sie gar nicht hier ankommen, denn sie wollten auch gar nicht fliehen müssen. Und wenn sie eben doch bleiben, dann nur, weil sie keine Alternative sehen. Ihre Kinder, die dann hier aufwachsen, werden genau dieselben Probleme bekommen wie viele Enkel der ersten Türken, vermute ich. Und sich nie als Teil Deutschlands verstehen. Ich denke wirklich, dass ein Teil der Syrer Deutschland wieder verlassen wird, wenn eine Rückkehr nach Syrien möglich wird. Das lese ich auch in den Kommentaren vieler Syrer auf Facebook. Schon im letzten Jahr gingen 3.000 Syrer wieder zurück in ihre Heimat. Das ist nicht viel, aber in Syrien herrscht auch immer noch Krieg. Und TROTZDEM gingen schon so viele. Wenn also die Kämpfe beendet sein werden, gehen noch viel mehr zurück. Viele sind auch in die Türkei gegangen, weil ihnen dort die Situation als Geflüchtete besser vorkommt. Klingt merkwürdig, oder? Aber Deutschland ist für manche Geflüchtete kein angenehmer Ort, so wunderbar es als Land ist – aber eben nicht für jeden. Für viele Syrer hat es bedeutet, gezwungenermaßen in einem kleinen Dorf unterzukommen, wo es nichts gibt, keine Arbeit, keine Perspektiven – das finden schon junge Deutsche grauenvoll, die, so schnell sie können, vom Brandenburger Land wegziehen nach Berlin. Viele Geflüchtete entwickeln deshalb ernsthafte Depressionen. Etwas Derartiges wird in der Türkei nicht von den geflohenen Syrern verlangt, und das macht diesen Nachbarn Syriens als Zufluchtsort sehr attraktiv.

Ja, Deutschland hat viele Menschen aufgenommen, aber die Behörden haben sie nicht unbedingt wie Menschen behandelt. Das sage ich nicht leichtfertig – ich habe es am eigenen Leib erlebt und wünsche das niemandem. Wie man unter solchen Voraussetzungen dann die Motivation finden soll, die Sprache möglichst schnell zu lernen, das erklär mir mal bitte jemand. Klar, irgendwie verständigen muss ich mich, und ein wenig Deutsch werde ich mir aneignen. Aber es richtig zu lernen und so schnell es geht? Das reizt mich doch nur, wenn ich Deutschland nicht als Notunterkunft erlebe – sowohl real als auch in meinem Kopf. Wenn ich beschließe, dass es trotz aller Probleme hier für mich eine Zukunft geben soll. Das ist dann die zweite große Gruppe der Geflüchteten, zu denen auch ich mich zähle: die, die hier ankommen und sich eine Zukunft aufbauen wollen. Dazu gehört selbstverständlich auch, dass sie dieses Land mögen. Dazu kann man zwar niemanden zwangsverpflichten, aber für einen Teil ergibt sich das von selbst, einfach weil es hier sehr viele wunderbare Dinge gibt, allem voran die Freiheit und den Schutz vor staatlicher Willkür. Ganz besonders viele Jüngere können sich durchaus vorstellen zu bleiben. Manche haben schon in der Heimat studiert oder etwas gelernt und wollen es hier anwenden, andere haben sowieso in der Heimat wirklich alles verloren und keinen Grund zurückzugehen. Es gibt auch viele Christen unter den Geflohenen, und auch all die Freiheitsaktivisten, die in Syrien für Demokratie angetreten waren, sehen Deutschland sehr wohl als mögliche neue Heimat an, denn hier gibt es ja tatsächlich Demokratie. Und das sind dann eben Syrer wie Ahmed, der sich in der SPD engagiert, obwohl er nicht wählen gehen kann. Oder Firas, der Youtube-Videos macht. Berlin ist inzwischen meine Heimat, und das geht vielen anderen Syrern auch so. Diese zweite Sorte hat sich entschieden, die Sprache zu lernen, etwas für ein Leben in Deutschland zu tun, sich vorzubereiten – und das nennt man dann wohl Integration, aber wir verstehen nicht unbedingt dasselbe darunter.

Im Grunde ist es keine Verpflichtung, aus der heraus ich das tue, also zum Beispiel, weil ich so besonders dankbar bin für die Aufnahme oder so etwas. Das bin ich natürlich schon, und das gilt ja auch für die Gruppe, die wieder zurückwill. Aber es ist eine persönliche Entscheidung. Die Syrer, die in Deutschland bleiben wollen, werden diejenigen sein, die versuchen, sich hier etwas aufzubauen und etwas beizutragen, so wie jeder in dieser Gesellschaft. Und das in der Hoffnung, dass sie das nicht auch wieder verlieren werden. Das ist ein sehr mutiger Schritt, wenn man schon einmal alles verloren hat. Bei den Lesungen in den Schulen in Roth hat mich ein Jugendlicher gefragt:

»Würdest du jetzt alles wieder aufgeben, was du dir hier aufgebaut hast, und zurückgehen und alles hier verlassen?« Das war GROSSARTIG. Solange es so schlaue Jugendliche gibt, ist Deutschland noch nicht verloren, trotz solcher abstrusen AfD-Reiseberichte.

Da fällt mir noch eine andere, sehr merkwürdige Frage ein, die mir in diesem Jahr auf einer Lesung in Hamburg von einem deutschen Herrn zum Thema Familie gestellt wurde. Angeblich hätte ihm ein Syrer, der schon fünfzig Jahre in Deutschland lebt, erzählt, dass Familienzusammenführung bei der Integration gar nicht so viel helfen, sondern eher dazu führen würde, dass die Geflüchteten unter sich bleiben und zum Beispiel die Sprache nicht so schnell lernen.

So ein Unsinn! Wie soll sich denn ein Familienpapa integrieren, wenn er weiß, dass seine Familie noch in Gefahr ist? Ich weiß gar nicht, wie die Menschen auf solche Ideen kommen. Und noch viel weniger, wie da plötzlich völlig verschiedene Dinge gegeneinander aufgewogen werden: das Leben eines Ehepartners oder der eigenen Kinder auf der einen Seite und schnelleres Sprachelernen andererseits? Was bitte ist denn mehr wert? Und bei Minderjährigen ist es doch völlig unmöglich, dass sie sich hier wohlfühlen, solange Mama oder Papa nicht bei ihnen sind. Mein kleiner Bruder ist vor meinen Eltern hier angekommen, er war damals zwölf Jahre alt, und ich war der Einzige, der sich einigermaßen um ihn kümmern konnte. Das hat aber nicht ausgereicht, zumal ich auch nicht täglich verfügbar war. Er hat sich hundeelend gefühlt, das war klar zu sehen. Er hat Unsinn angestellt, obwohl er in einer guten Einrichtung extra für Minderjährige untergebracht war. Aber auch das hat nicht gereicht. Er hatte dann eine richtig schwierige Phase, und ich musste wegen ihm immer wieder zum Jugendamt. Jetzt sind endlich auch meine Eltern nach Deutschland nachgekommen, und er bessert sich merklich. Erst so wird Integration möglich.

Seit zwei Jahren nun aber ist der Familiennachzug für die meisten Syrer ausgesetzt. Was den Menschen damit angetan wird, kann ich selbst nur vermuten. Auch die Integration erschwert das sicherlich, denn zu denken, dass Geflüchtete angeblich besser integrierbar seien, wenn man sie möglichst von ihren Liebsten getrennt hält, dafür muss man schon einige Gehirnwindungen ausschalten. Es gab dazu eine Umfrage unter geflüchteten Müttern, die als eine der stärksten psychischen Belastungen die Trennung von ihren Kindern nannten. Das kam noch vor allen anderen Problemen, mit denen sie hier konfrontiert waren. Die Mütter unter meinen Lesern können das vermutlich am besten nachvollziehen. Ich selbst habe keine Kinder und zudem das große Glück, meine Familie bei mir zu haben. Doch dieses Gesetz erscheint mir nichts mit den Werten des Landes zu tun zu haben, die die beteiligten Politiker da angeblich verteidigen.

In der Vorstellung mancher eher ängstlicher Menschen gibt es dann übrigens noch eine dritte Gruppe Flüchtlinge und sogar noch eine vierte: einmal die Schmarotzer, die sich nicht anpassen, aber trotzdem von allen Vorteilen hier profitieren wollen. Ich glaube, da kann ich Entwarnung geben. Das ist nur ein Mythos. Dass jemand sich angeblich in der »sozialen Hängematte« ausruhen will – echt jetzt? Warum sollte jemand scharf auf Hartz IV sein? Alle Deutschen, die ich kenne, haben davor tierisch Angst – es ist ganz sicher keine Hängematte. Es mag immer ein paar Sonderfälle geben, die dann heimlich schwarzarbeiten und den Staat ausnutzen, aber die Mehrheit ist es ganz sicher nicht. Diese Story von den Arabern mit drei Frauen und zig Kindern, die dann von Stütze leben und Tausende Euro kassieren – solche Fälle sind so außergewöhnlich, dass sie es gleich ins Privatfernsehen schaffen. Für mich ist das immer der beste Beweis dafür, wie selten etwas ist.

Und dann noch die bösen Fundamentalisten, die hier alles islamisieren und die Scharia durchsetzen wollen. Es gibt zwar immer mal wieder völlig durchgeknallte Psychopathen, wie überall – aber eine ganze Gruppe solcher abgedrehter Typen unter den Geflüchteten –, die gibt es einfach nicht, das ist nur ein Schauermärchen. Es gibt für einen fundamentalen Gläubigen eine Menge attraktiverer Orte als Deutschland – selbst die ganz ausgetickten hiesigen Salafisten sind ja dann auch Richtung IS-Gebiete abgezogen. Wer sich also gerne extremen Glaubensrichtlinien unterwerfen will, der geht an Orte, wo dieser Glaube in extremer Form gelebt wird.

Wenn es um Integration geht, dann muss man sich also klarmachen, dass es ganz natürlich einen Teil unter den Geflüchteten gibt, der darin nur schwer einen Sinn erkennen kann. Und dass man daran auch nicht durch irgendwelche verpflichtenden Sprachkurse so leicht etwas ändern wird. Man kann sogar dieselbe Sprache sprechen und sich dennoch nicht verstehen. Ich kann nicht bei jedem Menschen, der hier in Deutschland gestrandet ist, um seine blanke Existenz zu retten, auch davon ausgehen, dass er dafür bereit ist, sich jetzt sofort und ganz auf diese Gesellschaft einzulassen. Ich werde auf meinen Lesungen oft gefragt, wie wichtig ich das Sprachelernen für die Geflüchteten halte. Wichtig. Aber ich halte Verständnis für viel wichtiger.

6. Sei ein Kartoffelheld

»Jan, wann ist man wirklich Deutscher?«

»Na ja, auf jeden Fall, wenn man hier geboren wurde und dann im deutschen Kulturraum aufgewachsen ist.«

»Dein Goldhamster?«

»Nee, der hat keinen deutschen Pass.«

»Dann ist Zucchini Deutsche, denn die hat einen.«

Kein Witz. Meine Chihuahua-Prinzessin hat deutsche Papiere, wie könnte es anders sein im Land der Bürokratie. Streng genommen ist es die deutsche Ausgabe eines eigenen EU-Hundepasses. Damit darf sie in mehr Länder verreisen als ich. Was ihr zum Glück noch keiner gesagt hat, sonst würde sie vielleicht plötzlich auf die Idee kommen, regelmäßig ihre Verwandten in Südamerika besuchen zu wollen. Von dort kommt auch die Kartoffel her, die heute ja fast schon ein Synonym für Deutsche geworden ist – jedenfalls bei den Nichtdeutschen. Wenigstens die Kartoffel hat es geschafft, hier heimisch zu werden, ganz ohne Papiere. Leicht war das bestimmt auch nicht. Für Menschen scheint sich sehr viel um ein kleines Stückchen Papier zu drehen.

Aber kann ein Pass auch Heimat bedeuten? Eine Identität? Oder muss ich auch Kartoffeln mögen? Weil das hier fast alle tun?

Papiere

Ich habe einen syrischen Pass. Ober besser gesagt, ich habe keinen syrischen Pass, denn meiner ist abgelaufen. Aber ich könnte zur syrischen Botschaft gehen und einen neuen beantragen. Für sehr viel Geld. Aber das macht für mich ja wie gesagt kaum Sinn. Mit dem deutschen Pass darf man in 180 Länder ohne Visum reisen, mit meinem Pass gerade mal nur in 20 oder 25, also was soll es dann? Meine syrische Heimat kann ich auch mit Pass nicht besuchen – das wäre für mich lebensgefährlich. Papiere jedenfalls beeinflussen fast alles in deinem Leben. Selbst als ich noch in Syrien gelebt habe, konnte so ein Fetzen Papier über dein ganzes Leben entscheiden, sogar über Leben und Tod. Hätte auf meinem Papier zum Beispiel Alevit als Konfession gestanden, ich wäre nicht ins Gefängnis gekommen und dort beinahe zu Tode gefoltert worden. Denn die herrschende Familie in Syrien ist alevitisch. Es gab Leute, denen es noch schlimmer erging, den Kurden. Denn sie hatten überhaupt keine Papiere, obwohl sie in Syrien lebten. Mit meinem Ausweis konnte ich zumindest studieren und auch im Land herumreisen, Kurden konnten nicht mal das. Heute habe ich nur ein Travel-Dokument der deutschen Ausländerbehörde, ich darf damit aber auch nur innerhalb Deutschlands reisen. Schon für England benötige ich ein Visum – im Gegensatz zu Zucchini, die dort einfach wie ein EU-Bürger behandelt wird. Vielleicht könnte ich sie begleiten anstatt sie mich? Dann käme ich vielleicht problemlos überall durch? Es gibt tatsächlich ein »emotional support travel animal«, aber offenbar leider nur für die USA. Ich wäre bestimmt eine gute emotionale Unterstützung für Zucchini. Ich kann mir von einem Doktor bestätigen lassen, dass ich gerne gute Stimmung verbreite und dann vielleicht ...? Nein? Ach schade, muss ich eben weiterhin mit diesem Ersatzpapier klarkommen. Nicht mal Post und Banken akzeptieren es. Ein deutscher Pass ist tatsächlich wie ein wertvoller Geldschein, ein mächtiges Stück Papier, auch wenn er mittlerweile aus Plastik besteht.

Es lohnt sich, über diese Bedeutung mal nachzudenken. Es ist heute ein Teil der Identität und Lebensqualität – aber das war nicht immer so. Der Österreicher Stefan Zweig war vor neunzig Jahren einer der berühmtesten Autoren der Welt und hat noch erlebt, wie es vor der Herrschaft der Papiere einmal zugegangen ist. Er schreibt:

> Ich ergötze mich immer wieder neu an dem Staunen junger Menschen, sobald ich ihnen erzähle, daß ich vor 1914 nach Indien und Amerika reiste, ohne einen Paß zu besitzen oder überhaupt je gesehen zu haben. Man stieg ein und stieg aus, ohne zu fragen und gefragt zu werden, man hatte nicht ein

> einziges von den hundert Papieren auszufüllen, die heute abgefordert werden. ...
> Erst nach dem Krieg begann die Weltverstörung durch den Nationalsozialismus, und als erstes sichtbares Phänomen zeitigte diese geistige Epidemie unseres Jahrhunderts die Xenophobie: den Fremdenhaß oder zumindest die Fremdenangst. ... All die Erniedrigungen, die man früher ausschließlich für Verbrecher erfunden hatte, wurden jetzt vor und während einer Reise jedem Reisenden auferlegt. Man mußte sich photographieren lassen von rechts und links, im Profil und en face, das Haar so kurz geschnitten, daß man das Ohr sehen konnte, man mußte Fingerabdrücke geben, erst nur den Daumen, dann alle zehn Finger, mußte überdies Zeugnisse, Gesundheitszeugnisse, Impfzeugnisse, polizeiliche Führungszeugnisse, Empfehlungen vorweisen, ... und wenn nur eines aus diesem Schock Blätter fehlte, war man verloren.
> **Stefan Zweig:** *Die Welt von Gestern*

Wenn man das liest, versteht man leichter, dass es beim Pass um Kontrolle und um Macht geht. Die Papiere haben doch eigentlich mit uns, mit dir und mir, nicht wirklich etwas zu tun. Ob ich nun einen deutschen oder einen syrischen Pass besitze, ich bin doch derselbe Firas. Ich habe dieselbe Herkunft in Syrien, denn niemand kann doch ändern, wo er geboren wurde, wo er gelebt hat und was er dort geliebt hat. Ein Pass sagt mir nicht, wer ich bin, sondern sagt den anderen, wie sie mich behandeln sollen. Mit Pässen und Papieren kann man wunderbar regieren. Das empfinden die allermeisten Deutschen nicht so, weil ihnen ja ihr Stück Papier so gut wie keine Einschränkungen auferlegt. Genau wie den Krieg können viele sich nicht wirklich vorstellen, wie es wäre, keinen Pass zu besitzen. Oder den falschen.

Aber vielleicht kann euch die Geschichte von Claudette aus Rwanda eine kleine Ahnung davon vermitteln. Mich hat das sehr berührt, weil ich Ähnliches erlebt habe. Claudette lebte 1994 im Norden von Rwanda und war eine Hutu, so stand es in ihrem Pass, und sie konnte ohne Probleme die weiterführenden Schulen besuchen, während einige Freundinnen, die zu den etwa 15 Prozent Tutsi im Land gehörten, um die wenigen Schulplätze kämpfen mussten und permanent Angst vor Unterdrückung und Gewalt haben mussten. Tutsi waren in Rwanda die Underdogs, die Menschen zweiter Klasse. Das war nicht immer so gewesen, aber Claudette kannte nichts anderes. Als der Präsident Rwandas – natürlich ein Hutu – bei einem mysteriösen Flugzeugunfall starb, wurden sofort die Tutsi dafür verantwortlich gemacht. Ein furchtbarer Genozid war die Folge dieses Streits, die Welt um Claudette herum brach zusammen. Soldaten und »Bürgerwehren« trieben Angehörige der Tutsi in vermeintlich sichere Gebäude wie Kirchen und schlachteten sie dort mit Macheten und Gewehren ab. Nach hundert Tagen waren circa 70 Prozent der Tutsi ausgelöscht, Schätzungen gehen von bis zu einer Million Toten aus. In den Gemeinden zogen selbst ernannte Zivilverteidiger los und forschten nach, wer sich möglicherweise als Hutu ausgegeben hatte, ohne einer zu sein. Auf einmal gab es das Gerücht, Claudettes Großvater sei in Wahrheit ein Tutsi gewesen. In seinem ehemaligen Heimatdorf wurde nachgeforscht – und offenbar war an den Gerüchten wirklich etwas dran: er war ursprünglich Tutsi, aber er hatte wohl irgendwie einen Pass erhalten, in dem er als Hutu eingetragen worden war, und dann war er von dort weggezogen und lebte fortan als Hutu. Wie konnte das sein? Ganz einfach – Hutu und Tutsi waren nicht voneinander zu unterscheiden. Sie hatten zuvor dieselbe Lebensweise, Kultur und Sprache im selben Land gehabt. Die Belgier aber hatten während ihrer Kolonialherrschaft Pässe eingeführt, in denen ethnische Unterschiede festgelegt waren, die sich auf Nasenvermessung und Schädelformen stützten. Kommt das dem ein oder anderen von euch bekannt vor? Ja, das gab es auch hierzulande einmal. Von einem Tag auf den anderen waren Claudette und ihre Verwandten zur Ermordung freigegeben. Die meisten Mitglieder ihrer Familie kamen ums Leben, bis auf eine ihrer Schwestern, die besonders schön war. Ein Hutu-Soldat bot ihr Schutz gegen Sex an und floh später mit ihr nach Zaire. Claudette suchte Zuflucht bei katholischen Nonnen, die sie bis zum Ende der Massaker bei sich versteckten. Als alles vorbei war, hatte sie allergrößte Probleme, für sich klarzubekommen, wer sie denn nun war: laut Pass eine frischgebackene Tutsi oder eine Hutu wie bisher? Die Verhältnisse im Land hatten sich umgekehrt, die Tutsi regierten nun. Claudette gab sich öffentlich als Tutsi – aber privat gestand sie, dass sie sich nicht so fühlte, sie hatte ja ihr ganzes Leben als Hutu verbracht. Der Pass, dieses Stück Papier, hatte ihr eine Identität gegeben, genommen und wiedergegeben. Aber wer war sie? Nach allem, was sie erlebt hatte?

Das ist so eine Geschichte, die ich gerne erzähle, um vor der Macht der Papiere zu warnen – und auch, um meinen eigenen Zwiespalt zu erklären. Das sind Stempel von außen, die uns aufgedrückt werden. Manche Stempel sind gut, manche nicht, und obwohl es sich vielleicht für die einen sehr gemütlich anfühlt – es kann sich jederzeit ändern, sogar umkehren. Wenn man einmal über so einen extremen Fall wie Rwanda oder Syrien nachdenkt – oder auch über das Dritte Reich –, dann hat die Macht so eines Stückchens Papier schon etwas Perverses. Denn sie haben erst einmal nichts mit einem selber zu tun. Diese Papiere, sie sind etwas, das von außen kommt, und das haben sie mit Vorurteilen gemeinsam.

Vorurteile

Ein Bekannter von mir ist in Bayern geboren, von Geburt an Deutscher. Er spricht Deutsch mit bayrischem Akzent und er ist schwarz. Völlig egal, welchen Pass du hast, wenn du in Deutschland Schwarzer bist, fragen alle immer, wo du herkommst. Das Papier ändert daran nichts. Solche Fälle kennen wir auch in der arabischen Welt:

Einer der allerbesten arabischen Stand-up-Comedians heißt Wonho Chung aus Dubai. Wie der Name vermuten lässt, sieht er von außen sehr nach Koreaner aus, in Wahrheit ist er aber 100 Prozent Araber, denn er ist in Saudi-Arabien und Jordanien aufgewachsen. Er ist megawitzig, bei uns ist er ein absoluter Star, und er ist in der ganzen Welt unterwegs. Arabisch ist seine Muttersprache, obwohl es nicht die Sprache seiner Mutter ist, und Koreanisch ist die Sprache, die er am allerschlechtesten sprechen kann, obwohl es die Sprache seines Vaters ist. Sein größtes Problem ist vor allem, dass ihn die Leute auf der Straße in Dubai für einen philippinischen Gastarbeiter halten. Türkisch aussehende Düsseldorfer kennen vermutlich das Problem. Und mein bayrischer Bekannter mit der sehr dunklen Haut natürlich auch, aber er kann damit umgehen. Er weiß ja, was für ein Pass in seiner Hosentasche steckt. Aber an einer Stelle ist das eben nicht mehr lustig: Kein Pass verhindert, dass er regelmäßig von der Polizei angehalten und kontrolliert wird, in Bayern genauso wie in Berlin. Das ist eine ganz andere Geschichte, denn jetzt geht es um Vorurteile. Es ist ein Unterschied, ob jemand denkt: »Dunkle Haut = nicht von hier«. Doch wenn es bei der Polizeikontrolle bedeutet »dunkle Haut = potenziell gefährlich«, dann geht das gegen jedes Prinzip, auf dem der deutsche Staat samt seinem Grundgesetz gegründet ist. Der Chef der arabischen Abteilung der *Deutschen Welle* hat mir von ähnlichen Erlebnissen bei der Rückkehr nach Deutschland erzählt. Er wird regelmäßig rausgepickt und kontrolliert, nur aufgrund seines Aussehens. Wenn er dann seinen Journalistenausweis zückt und erklärt, wer er ist, fangen die Beamten an zu schwitzen. Selbst sie begreifen, dass es sich hier um Vorurteile handelt, aber es steckt einfach zu tief drin, es passiert fast automatisch. Das ist das Problem mit Vorurteilen. Die haben tiefe Wurzeln – und zwar bei jedem von uns.

Ich habe das live erlebt, wie solche Vorurteile schon von klein auf in die Köpfe kommen. Vor Kurzem saß ich in der U-Bahn und tippte auf meinem Handy eine Nachricht. Mir gegenüber zwei Jungs, so elf, zwölf Jahre alt. Einer von ihnen ist ganz interessiert an meinem Geschreibe und fragt, was das für eine Sprache sei.
»Das ist Arabisch.«
»Wow, und wo spricht man das?«
»Na, das spricht man in vielen Ländern, zum Beispiel in Libanon, Ägypten und auch in Syrien.«
»Und sind Sie von da?«
»Ja, ich bin Syrer. Das ist meine Muttersprache.« Da sieht er mich groß an und fragt ganz ohne Scheu:
»Sind Sie auch ein Terrorist?« Da musste ich mich erst mal kurz sammeln. Nicht, weil das so unerwartet kam – leider packen ja die Medien und viele Leute auf Facebook beide Worte permanent in einen Satz, und fast nie in einen positiven. Ich hab ihm dann erklärt, was ein Terrorist ist und dass die vor allem ganz sicher nie jemandem verraten, dass sie gerade vorhaben, Hunderte von Unbeteiligten umzubringen. Die Jungs haben gelacht. Aber ich nicht. Das waren ganz unschuldige Kinder. Die nicht mal genau wussten, was Terroristen sind. Es war einfach Neugierde. Aber wer hat ihnen diesen Gedanken in den Kopf gepflanzt? Das Erste,

was ihnen bei Arabern oder Syrern einfällt, ist nicht mal Flüchtling, nein, es ist Terrorist. Das hat mich schon sehr mitgenommen.

Jan und ich haben ein Spiel dazu. Probiert es gerne mal aus. Es ist ganz einfach, am besten spielt man das zu mehreren – einer liest vor, die anderen schreiben verdeckt, und am Ende vergleicht man. Vorgelesen werden die typischen Schubladen der Gesellschaft, zum Beispiel »Hartz-IV-ler«, und aufgeschrieben wird immer das Allererste, was einem dazu in den Sinn kommt, mit den Worten »will« oder »macht« oder »ist«. Es darf rassistisch sein oder sonst wie beleidigend, wichtig ist der erste Gedanke, ganz egal, ob man in Wahrheit eine ganz andere Meinung hat. Also wenn ich das hier in Deutschland mit Deutschen spiele und sage »Pole«, dann ist klar, was kommt, oder? So weit, so gut, aber besonders spannend wäre es natürlich auch mal, Polen in Warschau zu »Deutscher« zu befragen. Was da wohl herauskäme? Ich weiß es nicht, probiert es aus.

Man lernt eine Menge dadurch, wie man von anderen wahrgenommen wird. Am Ende ist es immer wieder verrückt, wie viele aus derselben Kultur bei dem Spiel genau das Gleiche schreiben. Dafür gibt es ja einen Grund. Das sind die Schubladen, die wir alle mitbekommen haben, ohne es zu wollen, das sickert einfach durch tausendfache Wiederholung ein. Diese typischen Vorurteile sitzen viel, viel tiefer als alle politische Korrektheit und all unsere Bemühungen um Verständnis. Hier mal die offenen und ehrlichen Ergebnisse, die bei Jan und mir rauskommen, wenn wir das spielen:

»Jan, sag mir, was ›will-macht-ist‹ ... ein Indianer in Berlin?«

»Der spielt Panflöte und verkauft CDs.«

»Afghane?« – »... will Asyl.«

»Syrer?« – »... kriegt Asyl.«

»Italiener?« – »... macht Pizza oder ist Mafioso.«

»Youtuber?« – »... ist reich und berühmt.«

»Typ mit Tattoos?« – »... ist nicht besonders gebildet.«

»Polizist?« – »... will mir ein Knöllchen geben.«

»Typ liegt auf dem Gehweg?« – »... ist besoffen.«

»Chinese?« – »... will alles fotografieren.«

»Deutscher in Berlin?« – »... ist allein unter Touris. Jetzt du! Also Firas, sag mir, was ›will-macht-ist‹: Ein Bettler in Berlin?« – »... will eine Obdachlosenzeitung verkaufen.«

»Polizist?« – »...will meinen Ausweis sehen, weil ich wie ein Ausländer wirke.«

»Ein Typ mit Tattoos?« – »... ist ein Clubgänger.«

»Deutscher?« – »... wartet immer an der Ampel, bis grün wird.«

»Typ liegt auf dem Gehweg?« – »Schlaganfall.«

»Ein anderer Araber?« – »... will ein Selfie mit mir machen.«

»Afrikaner?« – »... will mir Drogen verkaufen.«

»Einhorn?« – »... will auch ein Selfie mit mir. Oder es waren die falschen Drogen.«

Ich habe inzwischen gemerkt, wie sich solche Vorurteile nach und nach verändern. Früher waren Bettler für mich Teil des normalen Straßenlebens, aber sie waren keine Obdachlosen. Heute in Berlin rückt das in meiner Vorstellung immer mehr zusammen, weil das hier eben so gesehen wird. Dabei stimmt das hier genauso wenig, die meisten Bettler auf Berlins Straßen sind gar nicht obdachlos, sie haben nur zu wenig zum Leben. Ich war mal zu Besuch in einer Notübernachtung für Obdachlose, und die Leute, die ich da getroffen habe, sahen überhaupt nicht so aus wie das, was man auf Deutsch etwas abfällig »Penner« nennt. Sondern sehr gepflegt, also war das wieder so ein Vorurteil. Vermutlich kann man diesen Schubladen nicht entgehen, doch man sollte sich ihrer bewusst sein.

Doch es gibt noch eine ganz andere Seite, denn wir haben auch uns selbst gegenüber solche Vorurteile und ordnen uns in eine Schublade ein. Zum Beispiel dann, wenn wir uns hauptsächlich als stolze Deutsche oder noch stolzere Araber verstehen. Mir fällt es zunehmend schwer, ein passendes Bild oder ein Label für mich zu finden. Einerseits finde ich, dass Deutschland – bei aller Bürokratie – ein ganz großartiges Land ist, und ich fühle mich in Berlin bestimmt genauso zu Hause wie die meisten anderen Berliner. Bin ich Deutscher? Nein, aber ich lebe hier. Bin ich Araber? Schwierig, ich bin halt dort aufgewachsen, aber inzwischen rückt das in die Vergangenheit. Bin ich ein Migrant? Ja, scheint so – aber das ist ein Münchner, der nach Dresden zieht (so was soll es ja hin und wieder auch geben), doch genauso. In welche Schublade ich hineinpasse, ist schwierig – aber ich finde auch die Frage viel spannender, in welcher Schublade ich denn gerne wäre. Das ist das Problem: Für mich gibt es keine Schublade oder Kategorie, die mir gefällt. Weil jede Schublade die Freiheit einschränkt.

Und leider ist darum auch die Frage vom Anfang, »Woher kommst du?«, oft nicht so harmlos, wie sie scheint. Diese Erfahrung habe ich leider gemacht. Denn wer sagt mir, ob sich der Fragesteller wirklich für mich und mein Land interessiert und nicht vielleicht nur wissen will, ob er die Vorurteile und Vorstellungen über mein Herkunftsland bei mir wiederfindet. Er vergleicht also seine Schublade mit der Socke, die er da vor sich hat. Das ist so hilfreich und glaubwürdig wie Sternzeichen – nur schlimmer. Man wird in eine Kategorie eingeordnet und abgestempelt. Wie bei einem Pass. Das Gleiche passiert auch mit umgekehrten Vorzeichen. Es gibt auch »positive Schubladen«: Schauspieler, Autor, Youtuber – die Leuten übertragen ihre Wunschvorstellungen auf dich, aber die stimmen genauso wenig mit der Realität überein. Als ob alle Youtuber oder bekannte Leute automatisch reich wären. Ich kann euch sagen – beides ist Nonsens, aber ich höre das fast täglich. Facebook zum Beispiel hat einen Algorithmus, der die Nutzer einordnet, also nach den Vorlieben und was man so im Internet macht – und das ist hundertmal genauer als die menschlichen Schubladen. Trotzdem ist die Werbung, die mir Facebook schickt, meist völlig sinnlos.

Okay, zugegeben, ich bin nicht ganz frei von Eitelkeit –

früher fand ich es cool, mich »Youtuber« zu nennen, eben weil die Leute damit so ein positives Image verbunden haben. Das hat inzwischen nachgelassen.

Am besten ist es doch, wenn man als Mensch wahrgenommen wird. Nicht als Teil einer Firma, Teil einer Nation oder Teil eines Volkes. Es passiert auch mir, dass ich Menschen in Schubladen stecke. Aber ich habe schon so viel Negatives erlebt, das durch Vorurteile entstanden ist, und darum ist es mir immer wichtig, nicht über Menschen zu urteilen, die ich nicht kenne. Ich habe schon Freunde deswegen verloren, weil sie lieber Gerüchten geglaubt haben, als einfach mal mit mir zu sprechen. Ich versuche also lieber, meine eigenen Vorurteile zu erkennen, beiseitezuschieben und mir dann ein eigenes Urteil zu bilden. Na gut, er kommt aus dem Iran oder aus Israel. Und? Das macht ihn genauso wenig zu einem schlechten Menschen wie mich zu einem besseren.

Wenn also die Vorurteile nicht funktionieren, was macht dann eine Identität aus? Es sind nicht Kartoffeln und kein Papier und erst recht keine Vorurteile, nichts davon kann dir sagen, wer du bist. Das sind Beurteilungen von außen, aber die kannst du durchbrechen.

Was dich ausmacht, ist vielmehr, wie du mit anderen und mit dir selber umgehst. Du bist, was du tust. Ich zum Beispiel bringe gerne Menschen zum Lachen und zum Nachdenken. Ich habe mich bewusst für meine neue Heimat entschieden, Papiere hin oder her.

Alte Heimat – neue Heimat

Im Augenblick bin ich immer noch zwischen den Welten, denn noch habe ich die neue Heimat nicht wirklich, und die alte Heimat habe ich verloren – das Lebensgefühl ist trotz allem wie auf einem Schiff zwischen den Küsten. Oder einem Schlauchboot. Man hat keinen Grund unter den Füßen. Das ist sozusagen der größte gemeinsame Nenner zwischen allen Geflüchteten: das Gefühl, in der Luft zu hängen.

Ich werde auf vielen Lesungen gefragt, wie ich zu meiner alten Heimat stehe und ob ich keine Verpflichtung für sie empfinde. Immerhin bin ich Syrer. Die Hardliner – Syrer und Deutsche gleichermaßen – scheinen die Antwort darauf besser zu kennen als ich selber, nämlich dass mein Herz nach Syrien gehört und ich ebenfalls. Nun ist es ein Unterschied zwischen hinkönnen und hinwollen. Denn selbst wenn ich wollte, ich könnte nicht, denn dann würde ich vermutlich vom Geheimdienst einkassiert und in einem Loch verschwinden. Und selbst wenn es eine Generalamnestie gäbe – woran ich nicht glaube, egal was sie dort den AfD-Touristen erzählen –, müsste ich alle demokratischen Überzeugungen aufgeben und mich einer Diktatur fügen, oder den islamischen Lokalherren im Norden. Also welchem Syrien bitte soll mein Herz gehören? Das Land ist zerrissen.

Ich hab das Gefühl, ich weiß nicht mehr Bescheid über Syrien. Ich weiß ja nicht mal, was in meiner Nachbarwohnung los ist – wie dann in einem entfernten Land? Ich vertraue keinen Nachrichten mehr, und fast alle Menschen, die ich von damals kannte, sind gestorben, verhaftet oder geflüchtet. Von den demokratischen Kräften, mit denen ich auf den Demos unterwegs war, ist, soweit ich sehen kann, eigentlich nichts mehr übrig. Alle geflohen oder im Gefängnis, tot, oder sie haben aufgegeben. Es hat überhaupt keinen Sinn mehr, dass dort immer noch gekämpft wird. Die letzten Orte, die Assad noch nicht zurückerobert hat, werden von vielen unterschiedlichen islamischen Brigaden kontrolliert. Es ist so kompliziert. An jedem Ort ist es anders – alle paar Kilometer ein anderer Besetzer. Die letzten Rebellen konzentrieren sich auf Nordsyrien. Aber vom Süden oder dem Osten, von Darra oder so, da hört man nichts mehr. Das Land ist nicht leer, aber sehr fremd. Syrer sehe ich nur noch irgendwo im Krieg bei Kämpfen, oder aber sie sind geflüchtet. Wenn ich etwas erfahren will, schaue ich auf Facebook oder Instagram. Die Bilder dort sind das noch Aktuellste und Verlässlichste, was ich bekommen kann. Ich sehe mir Bilder von der Uni an – und kann fast nur Frauen entdecken. Überall sind die meisten syrischen Männer verschwunden. Es fällt mir auch zunehmend schwer, darüber zu lesen oder zu recherchieren – denn es macht mich so unsagbar traurig, und ich habe in meinem Leben kaum noch Platz für Traurigkeit. Ich habe im Grunde resigniert, denn ich hatte für Freiheit und Sicherheit gekämpft, für meine Gesellschaft, aber natürlich auch für mich – inzwischen ist die Motivation weg. Denn all das, wofür ich gekämpft hatte, all das habe ich jetzt, nur der Ort ist ein anderer. In Syrien kann die Demokratie nicht gewinnen, jedenfalls nicht Man kann dort nur dafür sterben, aber dann hat m nichts davon. Tote könne nicht wählen gehen. Es einen Weg für mich: Ich muss akzeptieren, wie es ist, denn ich habe keinerlei Macht, die Situation zu ändern. Alle Aufklärung, alle Friedensgespräche, die UN, die internationale Gemeinschaft, die Demos im Inland und Ausland. Nichts hat etwas gebracht. Man kann nicht ewig gegen Mauern rennen – irgendwann muss man auch leben. Und dann kommt noch dazu, dass der Verlust dich verändert. Und ich habe so viel verloren. Und habe mich an dieses Verlieren gewöhnt, sodass ich es in meinen Beziehungen zu Menschen merke. Ich bin heute nicht mehr so fest an etwas emotional gebunden, weil ich die Erfahrung gemacht habe, dass ich es jederzeit wieder verlieren könnte. Und ich möchte nicht noch einmal so leiden. Jedes Mal, wenn ich mich dazu zwinge, an meine Zeit in Syrien zurückzudenken, lauern dort so viele schlechte Erinnerungen. Es hat mich Jahre gekostet, dieses Trauma einigermaßen zu verarbeiten, und das auch nur mit professioneller Hilfe. Noch heute mache ich ab und zu Meditation, um mich auf mein jetziges Leben zu konzentrieren, denn die Monster der Vergangenheit sterben wohl nie. Wir können nicht zurück, höchstens weiter, in die anderen Fluchtländer wie die Türkei und Libanon. Vielleicht aber können wir, die hierbleiben, das Leben hier vielfältiger machen, so, wie das andere Gruppen vor uns auch schon getan haben.

Entscheidung

Genau wie viele andere Migranten und überhaupt jeder, der neu nach Deutschland kommt, muss ich eine Entscheidung treffen: nämlich nicht nur, wie ich zu meiner alten Heimat stehe, sondern auch, ob ich mich auf diese neue Gesellschaft einlasse oder nicht. Und wer ich hier sein möchte. Das müssen auch viele, die hier geboren sind, irgendwann entscheiden, und es gibt durchaus auch Menschen, die Deutschland den Rücken kehren und auswandern, sogar ihre Staatsbürgerschaft ändern.

Und dann gibt es auch noch die, die zumindest mit ihrem Herzen auswandern. Denn genau wie einige Migranten nie hier angekommen sind und jetzt tatsächlich in kleinen abgegrenzten Kreisen leben, so gibt es auch unter Deutschen so etwas wie Parallelgesellschaften. Oder wie soll man es nennen, wenn bestimmte Gruppen die freiheitlich-demokratische Grundordnung ablehnen und lieber in einem Vierten Reich leben wollen? Die im Internet – wenn sie unter sich sind – ganz offen davon träumen, dass das gesamte politische System unter die Räder kommt, und die alle humanistischen Werte über Bord werfen. Die fühlen sich hier doch genauso wenig zu Hause – Pass hin oder her – wie ein türkischer Rentner, der in den fünfzig Jahren, die er hier ist, immer noch nicht richtig Deutsch gelernt hat.

Wobei ich da sogar gut mitfühlen kann, weil, ganz ehrlich, diese Sprache ... Ich hatte ganz zu Beginn meiner Zeit in Deutschland eigentlich vorgehabt, nach England weiterzureisen, denn diese Sprache konnte ich schon ziemlich gut. Dann aber hat mich etwas hier gehalten. Das war lange vor dem Erfolg als Youtuber. Ich habe dann sogar genug Motivation gefunden, um diese krasse Sprache zu lernen – ich muss zugeben, als ich das angegangen bin, da war ich schon ein wenig entmutigt. Doch mir sind zwei Dinge an der deutschen Gesellschaft so wertvoll geworden, dass ich JA zu meinem neuen Leben hier gesagt habe. Macht mich das zu einem Deutschen? Ich weiß es nicht, aber es sorgt dafür, dass Deutschland für mich meine Heimat geworden ist. Und diese beiden Dinge sind die Freiheit und die außergewöhnlich große Aufnahmebereitschaft der Menschen hier.

Mit Freiheit meine ich, dass hier all die Rechte schon existieren, für die ich in Syrien eigentlich gekämpft habe. Ich darf hier in Deutschland meine Meinung sagen. Egal welche, solange ich nicht die Freiheit anderer damit bedrohe. Ich darf mein Piercing haben oder ein Tattoo, darf meine Religion wechseln oder Atheist sein, und niemand wird mich deswegen in eine Psychiatrie einweisen. Ich darf gegen die Politik der Regierung sein und muss keine Folter fürchten. Wo ich küsse und wen, das ist mir selber überlassen, und ich darf sogar in Parallelgesellschaften leben, egal ob rechtsextremen oder linksextremen oder migrantischen. Wäre nicht toll, aber die Freiheit dazu hätte ich. Und es gibt einen Schutz gegen Willkür und gegen Gewalt. Kein Soldat oder Polizist darf mich hier züchtigen, es sei denn ich werde selber gewalttätig. Niemand darf mich einfach so ins

Gefängnis stecken. Jedenfalls nicht, solange das neue bayerische Polizeigesetz verhindert wird. Im Ernst: Deutschland ist so, wie ich mir Syrien gewünscht habe, als ich dort auf die Straße zu den Demos gegangen bin. Es ist ein Land, in dem ich einfach ich selber sein darf. Und was noch viel wichtiger ist: Syrien wird so nie werden, davon bin ich inzwischen schweren Herzens überzeugt.

Der zweite Grund, warum Deutschland mich überzeugt hat, ist die große Aufnahmebereitschaft, viel größer als sonst wo. Deutschland hat schon immer mehr Flüchtlinge aufgenommen als andere Länder in Europa. Und die Mehrheit der Menschen hat das unterstützt. Kann man kaum glauben, wenn man die Zeitungen manchmal liest. Aber genau so ist es. Das ist so eine Eigenschaft, die man wohl von außen besser sieht, als wenn man selber hier lebt. Die meisten Deutschen bekommen durch die Medien nur die Fremdenfeindlichkeit mit – aber das ist ein verzerrtes Bild. 2015 haben sich unglaublich viele Menschen für Geflüchtete engagiert, Deutsche sind einfach hilfsbereit. Nur die mit Pass? Nein! Kein Pass kann einen dazu bringen. Es ist hierzulande eine Tugend, die sich durch alles zieht. Und die habe ich in der Liste der preußischen Tugenden nicht gefunden. Ich glaube, diese Menschlichkeit muss etwas Neues sein – vielleicht ist sie irgendwie aus den Trümmern der furchtbaren Unmenschlichkeit der Nazizeit erwachsen, genauso wie das Grundgesetz, inklusive seinem Asylparagrafen. Sie ist jedenfalls unverkennbar da. Es gab schon öfter Flüchtlingswellen, zum Beispiel beim Krieg in Jugoslawien ab 1991. Deutschland hat damals sehr viele Albaner aufgenommen und ihnen damit das Leben gerettet, auch damals schon viel mehr als die anderen Staaten der EU. Es gab zwar damals auch brennende Flüchtlingsheime, und rechte Parteien bekamen bei Landtagswahlen über 10 Prozent, aber was ist mit den anderen 90 Prozent? Es gab damals nämlich ebenfalls eine große Welle der Hilfsbereitschaft, genauso wie dann wieder 2015, als in fast jedem Ort spontan Initiativen zur Unterstützung der Geflüchteten entstanden sind. Wenn es nötig wird, packen alle mit an, egal ob in Dresden die Elbe über die Ufer tritt oder Menschen aus einem Krieg hierher fliehen. Ich glaube tatsächlich, dass in Deutschland eine große Kultur der Hilfsbereitschaft besteht, und die Menschen hier sehr viel offener sind, als sie sich das selber eingestehen. Ich habe oft gehört, die Deutschen seien Kartoffeln, eingebuddelt in ihre Erdscholle, kleinkariert wie eine Schrebergartensiedlung von oben und so borniert wie Wurzelgemüse. Aber das stimmt nicht. Die Menschen hier sind keine Kartoffeln. Sie sind Kartoffelhelden. Und das möchte ich auch gerne sein.

Kartoffelheld

Nein, ich bin keine Kartoffel, ganz sicher nicht, aber immer öfter träume ich inzwischen auf Deutsch. Gleichzeitig fehlen mir bei arabischen Fernsehinterviews manchmal die Vokabeln. Außerdem erlebe ich, dass ich manchmal sogar anfange, wie meine deutschen Bekannten zu ticken. Ich konzentriere mich vor allem auf die Arbeit, auf Lesungen, Auftritte, TV-Projekte. Auf der Straße erkennen mich viel mehr Leute als früher, aber die sind ja nicht meine Freunde, obwohl ich mich natürlich immer freue. Aber ich habe eigentlich weniger Zeit für richtige Freundschaften, Familie und engere soziale Beziehungen. Das ist eine andere Seite der Gesellschaft hier, und die erscheint mir nicht ganz so toll: dass viele Menschen hier wie Maschinen leben.

Ich habe das bei vielen beobachtet, selbst hier in der Großstadt: ein Leben in reiner Routine. Aufstehen, Gassi gehen mit dem Hund. Auto, Arbeit, Auto, zurück zum Hund, Essen, TV oder Internet. Dann schlafen und am nächsten Morgen geht es wieder von vorne los, jeden Tag immer das Gleiche. Vielleicht bekommen viele Menschen deshalb hier Depressionen. Ich verstehe die Logik nicht. In so einem reichen Land fühlen sich so viele Menschen unglücklich, dreimal am Tag springen hier Leute vor einen Zug. Das sind einfach zu viele. Ich glaube tatsächlich, dass die Menschen hier einsamer sind, als ich das aus meiner Heimat kenne. In einem Dorf in Syrien gibt es zwar auch Routine, aber die Menschen werden nicht depressiv. Jeder kennt den anderen. Es wird viel miteinander unternommen. Die Männer gehen zusammen ins Café oder Shisha rauchen, die Frauen kochen zusammen – es ist immer viel los. Klar, die soziale Kontrolle ist höher, aber soziale Zuwendung eben auch. Hier bleiben die Menschen sehr für sich, das ist extrem. Selbst in Damaskus kannten sich die Kinder durch das Fußballspielen auf der Straße. Wir waren eigentlich immer draußen, in Berlin sehe ich viel weniger von diesem Gemeinschaftsleben. Bei uns kannten sich die Nachbarn im Haus, selbst in einem großen Mietshaus mit vielen Parteien, ab und zu gab es gemeinsame Treffen für die Hausgemeinschaft, beim Ramadan lud man sich gegenseitig ein oder schickte wenigstens einen Teller mit Süßigkeiten. In unserem Hochhaus in Berlin gab es an Weihnachten so etwas noch nie. Die Deutschen besuchen statistisch gesehen vier- bis fünfmal im Jahr ihre Eltern. In meiner früheren Heimat besuchten wir unsere Eltern vielleicht einmal die Woche, wenn das möglich war. Mein Vater fuhr alle zwei Wochen von Damaskus die zwei Stunden nach Homs, nur um seine Eltern zu besuchen. Hier machen das erwachsene Kinder wirklich nur, wenn das zu Fuß möglich ist. Ich bemerke, dass es sich bei mir langsam auch in diese Richtung entwickelt. Ich habe meine Eltern nun seit vier Monaten nicht besucht, obwohl sie nur vier Haltestellen von mir weg leben. Doch weil ich so viel unterwegs bin und so viel arbeite, also so einen typischen deutschen Lifestyle pflege, habe ich sehr wenig Zeit für mich. Wenn ich dann mal welche habe, will ich für mich sein, will mich auf meine Gedanken und mein Leben konzentrieren, weil ich diese Individualität inzwischen gewohnt bin. Ich liebe meine Familie, aber ich kann sie nicht mehr so oft treffen, wie es der Syrer in mir gerne würde. Ich habe früher immer bei meiner Familie gelebt, bin nie ausgezogen, und dennoch ist es in Deutschland anders geworden. Das scheint ein Effekt zu sein, den meine neue Heimat auf mich hat. Und doch:

Wenn mir wirklich etwas an meiner Heimat fehlt, dann ist es das Essen und diese größere Nähe aller zu allen. Ich leide unter der Anonymität hier im Land, vor allem, weil ich spüre, wie sie sich langsam auf mich überträgt. Wenn ich könnte, würde ich gerne ein wenig von dieser arabischen Leichtigkeit und unserer Freude am Zusammensein hier in die Gesellschaft einbringen. Ich würde gerne dafür werben und die Menschen animieren, sich mal wieder mehr miteinander zu beschäftigen. Ich werde ja fast immer engagiert, wenn es um das Thema Integration geht – ich halte Vorträge, mache Filme und soll für Verständigung werben und gegen Fremdenfeindlichkeit. Die große Aufgabe ist dabei aber immer nur die Integration, für die sich so viele Vereine engagieren, ebenso wie die Politik und die Wirtschaft. Sie wünschen sich alle, dass wir Neuankömmlinge in Lohn und Brot kommen und dem Staat nicht mehr auf der Tasche liegen. Okay, einverstanden, das wünschen wir uns doch sowieso auch. Aber ist das alles? Was kommt danach? Ich glaube, wir haben mehr zu geben. Auch mehr als Shawarma. Und auch wenn wir nicht wählen dürfen, können wir die Gesellschaft dennoch ein bisschen mitgestalten. Wir können ja sogar in Parteien eintreten, wie mein Freund Ahmed, dort kann man eine Menge bewegen. Ich selber kann über die Medien ebenfalls viele Menschen erreichen. Ich bekomme so viele unglaublich tolle Rückmeldungen von den Leuten; sogar von solchen, die eine sehr kritische Haltung zu uns Geflüchteten haben, aber auch die Dinge in ihrem eigenen Land hinterfragen. Vielleicht können wir zusammen, die Kartoffeln und die Falafeln, gemeinsam etwas für dieses Land und diese Gesellschaft bewirken. Ich meine, vergesst mal meine und eure Papiere. In Deutschland sind Blutspenden nicht deklariert. Wenn ich jetzt Blut spende und du einen Unfall hast, kann es sein, dass es meine Spende ist, die dein Leben rettet. Und umgekehrt. Auf dieser Basis sollten wir unser gemeinsames Leben hier aufbauen, nicht auf Ängsten. Ich sehe es wirklich als meine ganz persönliche große Aufgabe an, dafür zu sorgen, dass Deutschland niemals Syrien wird, solange ich Deutschland als meine Heimat betrachten darf. Ich meine das Syrien des Diktators Assad, nicht das Syrien mit dem leckeren Baklava. Wenn ich lese, dass Menschen demnächst ohne Verfahren und Recht auf Verteidiger eingesperrt werden sollen, wie das jetzt in Bayern geplant ist, dann erinnert mich das an die Militärgerichte Syriens.

Ich will auch ganz sicher nicht stattdessen die Scharia einführen, nur weil ich einen Bart trage. Aber wie wäre es mit weniger Ungleichheit? Immerhin steht im Grundgesetz »die Würde des Menschen ist unantastbar«, nicht »die Würde der Deutschen«, das ist übrigens nicht von mir, sondern so hat es mir ein Deutscher mal unter eines meiner Videos kommentiert. Oder wie wäre es mit weniger Bürokratie und dafür mehr Humor? Oder ist das die Leitkultur, dass man hier nicht lachen darf, außer mit Mundwinkel-

TÜV und Lachbedarfsfestellungsverfahren? Auch die Leitkultur ist nicht unantastbar.

Vielleicht kann das ein Beitrag von uns Neuen sein, egal ob Syrer, Afghanen, Irakis oder wer auch immer die sind, die sich für dieses Land als aktuelle Heimat entscheiden und dann daran genauso mitwirken – nur eben mit ein bisschen mehr *Yallah* und weniger Bürokratie, mit mehr Falafel und weniger Gurke in Plastik, mit mehr Festen und weniger Anonymität im Hochhaus. Dass dies Wirklichkeit werden kann, hängt nicht an unserem Pass oder an irgendwelchen Vorurteilen, sondern nur daran, dass wir es eben so wollen, und dann wären wir zwar immer noch nicht alle gleiche Kartoffeln, aber wir wären alle Kartoffelhelden.

Danksagung

»Hey Firas – das Buch ist aus.«

»Och schade, Jan … ich hab noch so viel zu erzählen.«

»Naja, in Deutschland sagen wir: Man soll aufhören, wenn es am Schönsten ist.«

»Echt? Machen die Leute hier aber nicht so beim Essen.«

»Wie jetzt?«

»Da esst ihr immer euren Teller leer.«

»Ach so, ja das stimmt – und nach dem Essen sagen wir ›Danke, war lecker‹«

»Ah – das find ich gut, das mach ich auch. Also sag ich mal allen danke, die bei diesem Buch mitgeholfen haben. Du zum Beispiel!

»Awwww. Du aber auch!«

»Awwww.«

»…«

»Sonst noch wer?«

»Aber klar, Deine Leser.«

»Ja, weil sie bis hierher durchgehalten haben. Und natürlich auf jeden Fall danke ich:

Ania – die immer an meiner Seite ist. Und ihrer Tochter Romi, meiner kleinen Prinzessin.

Pauline – die mir jeden Tag meine Geschichte vorgelesen hat.

Mama – die endlich hier in Deutschland ist, und mich irgendwie immer noch bekocht. Ich wehre mich allerdings auch nicht besonders.

Papa – der trotz seiner Herzattacke immer noch für meine Mama einkaufen geht. Stur wie ein Syrer.

Zucchini – die mich sogar mag, wenn ich nicht geduscht habe.

Lutz Jäkel – seines Zeichens Fotograf – weil er jetzt Stammkunde im selben syrischen Restaurant ist, wie ich. (Sagt das bloß nicht meiner Mama)

Und natürlich allen Buch-Profis, die wieder mal dieses Werk möglich gemacht haben:

Unsere Agentin Barbara Wenner – immer ein offenes Ohr und danach einen guten Rat.

Ulrike von Stenglin – die schon Buch eins bei Ullstein mit

uns gestartet hat und von dem zweiten Buch ebenfalls gleich begeistert war.

Daniel Oertel und Hannah Fietz von Ullstein – die uns durch alle Stürme und Untiefen des Lektorates zur Seite gestanden haben.

Ja, das wären so die, die mir grade einfallen. Und Du Jan?«
»Also ich danke vor allem meiner Frau und meiner Familie – die sich schon daran gewöhnt haben, wenn der Verrückte wieder mit einem langen Text abtaucht. Und mein Kollege Ronny in der Filmfirma, der mir den Rücken freigehalten hat, wenn das Buch Zeit gefressen hat.«
»Gut, dann haben wir's, oder?«
»Schreib noch was Allgemeines, das kommt immer gut. Irgendeinen guten Schlusssatz.«
»Ok, da fällt mir was ein: Ich danke jedem Menschen hier im Land, der in mir und meinen Leidensgenossen nicht nur einen Flüchtling sieht, sondern das, was wir sind: Mitmenschen.«
»Awwww ...«

ALLE MENSCHEN LACHEN IN DERSELBEN SPRACHE

Firas in den Sozialen Netzwerken

- fb.com/FirasAlshater
- youtube.com/zukar
- twitter.com/firas_alshater
- instagram.com/firas_alshater

Firas Alshater

Ich komm auf Deutschland zu

Ein Syrer über seine
neue Heimat

Klappenbroschur.
Auch als E-Book erhältlich.
www.ullstein-buchverlage.de

»*Sein Youtube-Erfolg macht Alshater zu einem der aktuellen deutschen Medienstars*« Stern

Firas Alshater ist ein ganz normaler Berliner mit Hipsterbart und Brille, ein Comedian und erfolgreicher YouTuber. Nur, dass er bis vor zwei Jahren in Syrien für seine politischen Videos sowohl vom Assad-Regime als auch von Islamisten verfolgt und gefoltert wurde. Erst die Arbeit an einem Film erbrachte ihm das ersehnte Visum für Deutschland, und Firas betrat den größten Kokon der Welt: den Westen. Seitdem versucht er, uns zu verstehen: das Pfandsystem, unsere Liebe zu Papier, private Briefkästen, Fahrkartenautomaten und die deutsche Sprache.

Raif Badawi
Constantin Schreiber (Hrsg.)

1000 Peitschenhiebe
Weil ich sage, was ich denke

Aus dem Arabischen von Sandra Hetzl.
Broschur.
Auch als E-Book erhältlich.
www.ullstein-buchverlage.de

»*Ein kleines großes Buch.*« *FAZ*

Raif Badawi, saudi-arabischer Blogger, teilte im Internet seine Gedanken über Politik, Religion und Freiheit. Dafür wurde er zu 1000 Peitschenhieben und zehn Jahren Haft verurteilt. Diese Streitschrift versammelt die zentralen, verbotenen Texte Badawis. Sie zeigen die Spannungen zwischen einer traditionellen Auslegung des Islam und dem Anspruch auf ein selbstbestimmtes Leben in der Gegenwart. Badawi fordert Liberalismus, Toleranz, Pluralität, Meinungsfreiheit und Menschenrechte – weil sonst die arabisch-islamische Welt verloren ist.